本当はもっとこわい相続税

「節税策14の誤解」と誰も教えてくれない税務調査の話

税理士
須田邦裕

日本実業出版社

はじめに～相続は「結末」から考える～

この本を手にとっていただいたあなたは、きっと「家族みんなで仲良く暮らしたい」と思っておられることでしょう。しかし残念なことに、相続が発生すると、多くの家庭においてトラブルが生じてしまいます。

そこにはさまざまな原因があるでしょうが、「初めて経験することだから」という単純な理由が大きな比重を占めていることは間違いありません。人は未体験の出来事に遭遇すると、全体像が見えていれば生じないはずの疑心暗鬼にさいなまれ、必要以上のトラブルを自ら引き起こしてしまいがちだからです。

では、どうすればいいのでしょうか。その解決への一番の近道は、相続という一連の出来事の全体像、すなわち「相続のロードマップ」を事前に把握しておくことです。

相続のプロセスでは、遺産の分割協議、税金の申告、税務調査など、どれ一つをとっても専門的な知識を必要とする手続きが次々に発生します。とくに税務調査は、自分たちの取ってきた行動の是非が問われる最後の関門であり、これを無事にくぐり抜けることができなければ事前の節税対策の努力は水泡に帰してしまいます。**つまり出口に辿り着いて初めて、入口でどういう行動を取るべきだったか、あるいは取ってはいけなかったかを知ることになるのです。**

本書は、このような観点に立ち、相続という一連の手続きの「全体像」を税務調査というゴールラインから俯瞰する形で執筆しました。登山者に向けて山頂からかがり火を焚くように、相続税に関する税務署のスタンスを知っていただくことで、より正しく合法的な事前対策とはどういうものかを読者のみなさんに理解していただきたかったのです。

全体の構成は、たとえて言うなら「上映会」と「講演会」の2部形式になっています。第1部では、よりリアルに相続税調査の現場を疑似体験していただくために、物語形式でお話を進めます。そして第2部では、税務調査で指摘される問題点を知っていただいた上で、正しい相続税の知識、正しい節税策のあり方について順次解説していきます。

相続を物語で解説する場合、さまざまな家庭の出来事をオムニバス形式で取り上げるという手法もありますが、本書では、じっくり読んでいただけるように、どの家庭にも共通して起きるであろうトラブルのエッセンスをあえて1つのストーリーに盛り込みました。

私は、東京都武蔵野市で30年以上にわたり税理士事務所を営んでいます。この間、富裕層が比較的多い土地柄も手伝ってか、企業の一般的な税務顧問の仕事と並行して相続税の申告案件を数多く手掛けてきました。

必然的に、相続税の税務調査にもそれなりの件数の立ち会いをしています。そしてそれらの経験を通じて強く感じることは、「人の死」はどの家庭においても特別な事件であるけれども、その前後に生じるさまざまな人間ドラマには「人の営み」という1つの共通性が存在する、ということです。

はっきり言えば、親子の関係は情愛に包まれていたとしても、兄弟姉妹は遺産相続に関しては利害の対立するライバル同士です。したがって争いになるのがむしろ自然であり、それを円満に解決できるかどうかは、家族の努力と英知にかかっているのです。

世の中に「親の相続はこれで10回目」という人は存在しません。どの家族もがほとんど初体験で、一艘の船に相乗りし、相続という荒波の中にこぎ出していくのです。

本書がその航海の海図となり、家族が円満に、座礁することなく目的地に辿り着けることができるなら、著者にとってこれ以上の喜びはありません。

税理士　須田邦裕

もくじ◉本当はもっとこわい相続税――「節税策14の誤解」と誰も教えてくれない税務調査の話

第1部 相続を知らなかった家族の結末

第2部
本当の相続税対策

5 世間にはびこる「14の誤解」

カバーデザイン◎小口翔平（tobufune）
本文DTP◎高橋明香（おかっぱ製作所）

第1部

相続を知らなかった家族の結末

20××年3月。沈丁花のつぼみがほころび、その甘い香りが街角に漂い始めた頃、東京・吉祥寺の今野家に1つの事件が勃発しようとしていた。春の日射しがうららかな昼下がり、武蔵野税務署から相続税の税務調査についての電話が入るところから、この物語はスタートする。

今野家の家系図

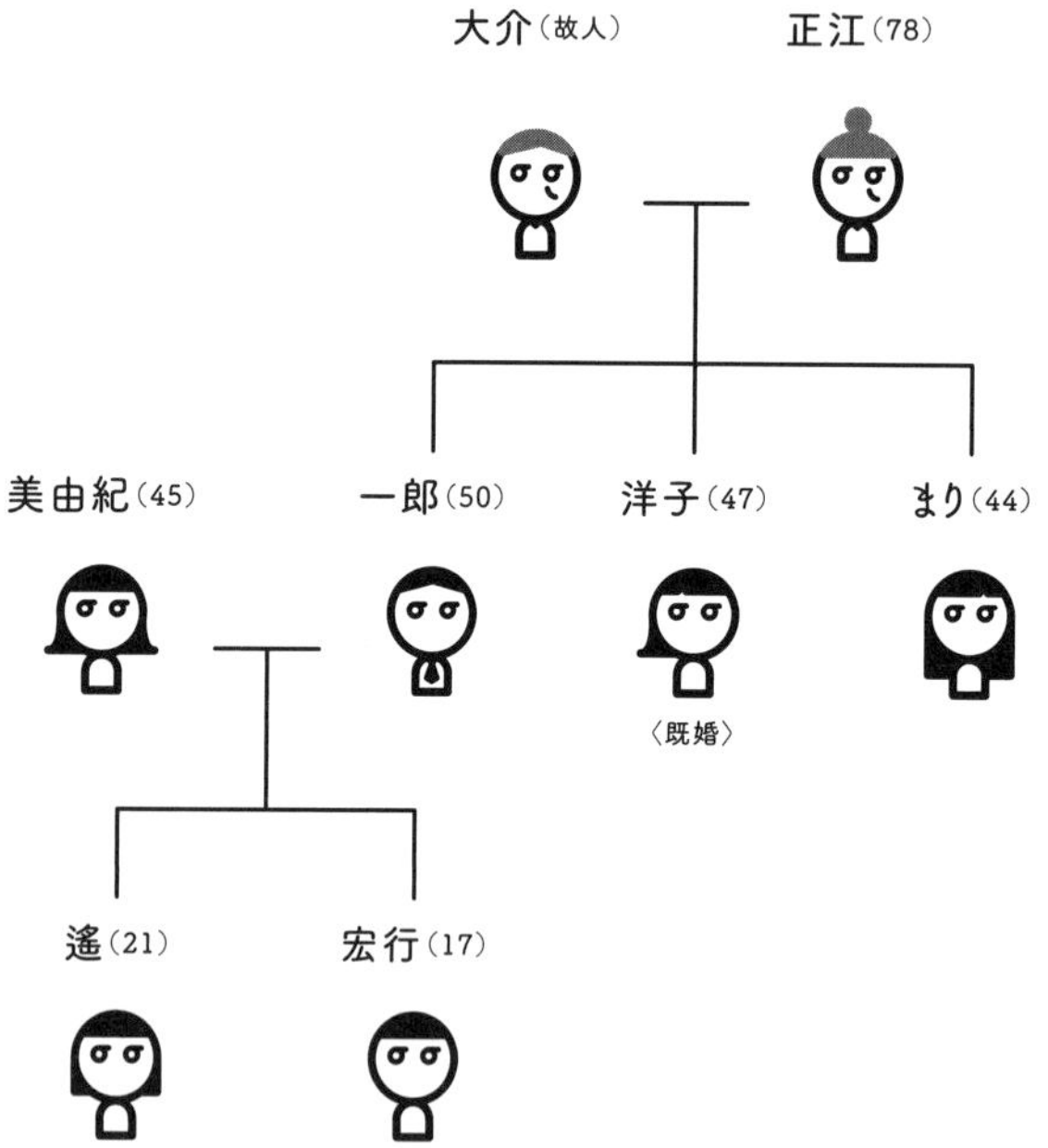

大介（故人）
正江（78）
美由紀（45）
一郎（50）
洋子（47）
〈既婚〉
まり（44）
遙（21）
宏行（17）

プロローグ

「はい。今野でございます」

「あ、今野さんですか。初めまして。私は武蔵野税務署の資産税部門の調査官、山下と申します。一昨年の9月に亡くなられた今野大介さんに関しましては、昨年7月に相続税の申告書をご提出くださいまして、誠にありがとうございました。つきましては、お忙しいところ、また突然のお願いでたいへん恐縮なんですが、この件について近日中に税務調査にお伺いしたいのですが」

「は？　税務調査？　税務調査って、うちに税務署の方がお見えになるんですか？」

「はい、そうです。お忙しいとは思いますが、3月の最終週のどこかで1日、ご都合をつけていただけませんでしょうか」

「はぁ、そうですか。突然のことなので、ちょっと家族の予定を聞いてからお返事したいのですが」

「もちろん結構です。電話番号は〇〇－〇〇。内線番号は××です。ご都合のいい日が決まりましたら、山下までご連絡いただけますか？　お忙しいのに、ほんとにすみません」

電話を受けたのは、亡くなった今野大介の長男の妻・美由紀だった。

今野家は現在、故人の妻・正江、長男・一郎、長男の妻・美由紀、そしてその子ども遙、宏行、の5人家族である。その晩、今野家の食卓は、当然のことながら税務調査の話題で持ちきりとなった。

「ただいまー。あれ、子どもたちはどうしたの？」

「はるかは大学のクラブの合宿、ひろゆきは高校の友達と遊びに行くって、昨日も言ってたじゃない。そうやってすぐに忘れちゃうから、子どもたちに怒られるのよ」

「そうか。そう言えば聞いたような気もするな」

「ところであなた、今日、税務署から電話があったわよ」

「税務署？　何で税務署からかかってきたの？」

「お義父さんの相続税の申告について、うちに税務調査に来るんだって」

「えーっ、本当かよ。いつ？」

「今月の最後の週で、どこか1日都合をつけてほしいって」

「そんなこと言われたって、俺は決算期で会社を休むわけにいかないし、何でこんな時期に来るんだろ。断わるわけにはいかなかったのかよ」

「断わる？　そんなことできたのかしら……」

「できないのかな……。1日でいいんだって？」

「そう言ってたわよ」

「会社の調査だと、大勢で何週間も来るからな。やっぱり、うちみたいなちっぽけな個人の調査なんて、簡単に終わっちゃうんだと思うよ。1日だけだったら、どうってことないでしょ。お母さん、1人で対応できる？」

「そうねえ……。税務調査って、家の中あちこち調べられるのかしら。知らない男の人が入ってくるなんて、1人じゃ不安だわね。美由紀さんも一緒にいてくれるならいいけど」

「まあ、ウチは何も悪いことしてるわけじゃないし、申告書もちゃんと提出して税金もたくさん払ったんだしな。感謝状でも届けてくれるのかな、あはは。税務署が来たって、ありのままに説明すればきっとすぐに帰るでしょ。美由紀もお母さんを助けてあげてよ」

「そうしてくれるとありがたいわ。あのときはいろいろたいへんだったけど、あなたたちが一生懸命勉強してくれて、税金の申告も自分たちの力でできたんだしね。美由紀さんも、税務署や市役所の税務相談に何度も足を運んで、ずいぶん手助けしてくれたじゃない。私1人じゃ税金の計算のこととかよくわからないし、若い人たちの力がないととても太刀打ちできないと思うわ。美由紀さん、お願いね」

「私は今野家の相続には関係ありませんけどね。お義母さんがそうおっしゃるなら、お手伝いしますよ。電話の感じじゃとっても紳士的で真面目そうな感じの人だったから、そんなに心配することないんじゃないかしら」

「そうだといいわねえ」

「バカだなあ。良さそうに見える人ほど、心の中はわからないぜ。母さん、あんまり心を許して、何でもかんでもペラペラしゃべっちゃダメだよ」

「私はおしゃべりだからね。気をつけますよ。ははは」

その晩は、税務調査のことから、法事での出来事や税金の申告の苦労談まで、いろいろな思い出話に花が咲いた。正江は今でも大介の話になると涙ぐんでしまうが、しかし優しい家族に囲まれて、現在は何不自由ない暮らしができている。寂しくないといえば嘘になるが、不足に思うことは何もない。本当にありがたい。税務署の人が来たら、私の苦労話のひとつもしてあげて、今後の参考にしてもらおうかしら。頑張って長生きすれば、たいへんなことがいろいろあっても、最後はきっと私みたいに幸せになれるのよ、と教えてあげたくなる。

夜が更けて、それぞれが寝室に引き取ってからも、正江の頭の中にはさまざまな出来事が去来する。

大介が病に倒れ、1年半の闘病生活をしている間はたいへんだった。思い出してみれば、大介は若い頃から事業ひとすじで、家のことなど顧みずに商売に没頭した。その甲斐あって一財産築いたことは事実だが、その分、妻には大きな負担がかかった。

夫の性格は、ひと言で言えば頑固でケチ。およそ無趣味で、経理には明るく商売で失敗することはなかったが、しかしお金には厳しい人で、家族で楽しく旅行をするとか、外食を楽しむなどのレジャーとは無縁だった。財布のヒモも、基本的には夫が握っており、家計費は定額を渡されて切り盛りした。欲しい物があれば、言えば何でも買ってもらえたけれども、それでも質素な生活を続けてきたと正江自身は思っている。

夫亡き後も、こうして家族みなが路頭に迷うことなく生活できるのは、自分たち夫婦が真面目に、正直に、一生懸命に生きてきたことへのご褒美である。夫の生前には、いろいろ気兼ねもあってあまり派手なことはせずに来たが、でも夫は仕事であちこち旅行をしていたのに自分はずっと家を守ってきたのだ。悔いの残らないように看病し、最後を看取った今となれば、残りの人生、少しくらいは楽しんでもいいのではなかろうか。

そうだ、税務署の調査が終わって気分が晴れ晴れしたら、息子たちと温泉旅行にでも行ってみよう。5月の連休あたりはどうか。そんなことを考えながら、正江はいつしか眠りに落ちていった。

1. 二年前の家族会議

2年前の秋、9月に大介は亡くなった。大腸がんだった。亡くなる1年前に手術を受けたが思うように回復せず、最後は病院のベッドで眠るように息を引き取った。死者を送るのは今野家にとって初めての出来事である。正江は戸惑い、泣くばかりだが、一郎夫婦が陣頭指揮を取り、葬儀から初七日の法要、納骨へと一つひとつの儀式は無事に、そして淡々と進んでいった。

そして四十九日の仏事も済んだ初冬のある日曜日の昼過ぎ、家族一同が集まって相続についての話合いが行なわれた。

快晴のその日、居間には仏壇で焚かれた線香の香りが流れ、また誰かが手向けた花束からも菊の花のほのかな香りが漂っている。サッシの窓越しには、庭の隅に正江が植えたパンジーの黄色や紫色の花が可愛らしく咲いているのが見える。奥の台所では、美由紀がお茶の支度をしている。

居間のテーブルを囲んだのは、今野正江（妻）、今野一郎（長男）、横田洋子（長女）、今野まり（二女）の4名である。長女の洋子は、他家に嫁いで今は横浜市に在住、二児の母となっている。二女のまりは、上場会社のOLとして長く働き、結婚はせず気ままな独身生活を楽しんでおり、現在は実家近くの賃貸マンションに1人暮らしをしている。

みな、何となくぎこちない表情だが、久しぶりに実家に遊びに来た洋子の子どもたちを一郎がからかい、座の空気も少し和んできた。そんな様子を確認して、一郎は「それじゃそろそろ始めますか」と言いながら、左記のような手書きのメモを全員に配った。

そして一郎は、次のような説明を始めた。


「これはね、俺がお母さんに聞きながらお父さんの財産をざっと書き取ったものだ。だから金額とかはまだ正確じゃないよ。土地がどのくらいの時価なのか、株はいくらくらいの値段がつくのか、だいたいの見当はつくけど、まだ細かく調べてはいない。

それからお父さんは、遺言書を書かなかった。だけどみんなも知っているとおり、お父さんは生前、「子どもたちはみんな平等だ。仲良くしろ。俺が死んだらお母さんを大切にしろ」って耳にタコができるくらい言ってたじゃない。だから俺は、今回の相続ではお母

お父さん名義の財産

1. 吉祥寺の家
　土地　80坪(うち8分の1はお母さん名義)
　建物　木造2階建て

2. 富士山の別荘
　土地　100坪
　建物　木造平屋

3. 預金

四井銀行	吉祥寺支店	5千万円くらい
みずの銀行	吉祥寺支店	4千万円くらい

4. 株式

ヤマト証券の口座	○○自動車	2,000株
	△△建設	3,000株
野川証券の口座	××商事	1,000株
	□□食品	5,000株

5. 生命保険
　第二生命　4千万円

さんが財産をぜんぶもらえばいいと思ってる。みんなそれぞれ生活に困っているわけじゃないし、お父さんの遺産を当てにする必要なんてないだろ？

それでいいよね。俺の言ってることに間違いはないよね、お母さん？」


黙って聞いていた正江は、うなずきながら言った。


「そう、お父さんは遺言書を書かなかったのよ。書いてくださいって何回も言ったのに。そんなもの書く必要はない、うちの子どもたちはちゃんと教育したから、ケンカなんかするはずがないって。

土地はね、お父さんが相続対策だと言って、10年くらい前に私に一部を贈与してくれたのよ。結婚して20年以上の夫婦だと、たしか2千万円までは無税で贈与できるとか言って。私は別に欲しいとも思わなかったけど、どんどん手続きしてきて、いつの間にか8分の1が私の名前になっていたの。

それとね。それ以外にもお父さんが私の名前で預金してくれてたの。一郎にも今まで言わなかったけど、50年以上の結婚生活の間にコツコツやってくれて、このメモに書いてある以外にも私の名前の定期預金が3千万円以上はあるのよ。お父さんには、贈与税とか大丈夫なんですか？　って聞いたけど、大丈夫、わかりゃしないさとか何とか言ってたわね。でも実際、税務署に何か言われたことなんて1回もないのよ。まあ私にも内助の功があるだろうから、少しはもらってもいいんじゃないかとは思ったけど。だから私は、お金はそんなになくても大丈夫。あなたたちがもらったほうがいいんじゃないの？」

今度は洋子が口を開く。

「へぇー、お父さんあんなに威張ってたのに、お母さんには優しかったのね。知らなかった。死んでから見直しても仕方ないけど、意外にジェントルマンだったんだ。お母さんがもらったものは、もうお母さんの名前になっているんだし、それでいいんじゃないの？　これから先、もし病気にでもなったら治療費なんていくらかかるかわからないんだし。私はお父さんの名前の預金もお母さんが相続していいと思うわ。でも私も少しは欲しいけど。あはは。兄妹みんなで1千万円くらいずつ分けて、あとは全部お母さん、ていうのはどう？」

みんな心が打ち解けてきて、それぞれが我が家って素敵な家族だなぁ、と感じ始めている。世間では、親が死んだらみんなで大ゲンカして、遺体をほったらかしにしたまま、もの凄い睨み合いになるという話ばかり聞くけど、今野家ではそんなことはまったくない。お互いが譲り合い、とてもスムーズに話合いがまとまりそうだ。

二女のまりも、同じように笑顔で発言する。

「私もそれでいいと思うわ。お母さんがあと何年生きられるかわからないけど、その間の生活資金がちゃんとしてないと、やっぱり不安だものね。お兄ちゃん夫婦がいつもお母さんの面倒を見てくれて、本当にありがたいと思っているし、私も会社からそれなりに給料をもらっているから、とりあえず定年までは大丈夫。取り立ててお金は必要じゃないけど、でも1千万円ずつもらってお父さんに感謝するって素敵。お姉ちゃんの意見に賛成だわ。あとはお兄ちゃんが上手にやってくれて、遺産分けの書類とか作ってくれれば、私はすぐに判子押すわよ。それよりさぁ、相続税ってどうなるの？　うちにもかなりかかるのかしら。財産分けより、そっちのほうが心配だけど。お兄ちゃん、どんな感じ？」

話題は、遺産分割から相続税の負担の問題に移っていく。今野家のような円満な家族においては、たしかに遺産分けの問題より相続税で納める税金のほうが心配である。妹たちから全権委任を受ける形になった一郎は、この問題について次のように説明する。

「それはまだこれから。ざっと見積もっても家が2億円くらい、預金や株、生命保険なんかを合わせると1億5千万円くらいあるから、総遺産で3億5千万円くらいはあるだろ。よくわからないけど、仮に1割としても3千500万円。結構な税金がかかるんじゃないかと思うんだよ。

ただ、基礎控除っていうのがあるし、自宅の敷地は評価が相当安くなる特例[※1]があるらしい。それに生命保険には別枠でマイナスできる控除もあるんだな[※2]。お母さんが遺産相続すれば、配偶者の何とかという特例もあって[※3]、税金はまったくかからないという話も聞くし。もしかしたら税金がゼロになる可能性もあるんじゃないかな。

そこでみんなに相談なんだけどさ。今回の相続税の申告は、俺と美由紀で勉強して、自分たちでやってみようと思うんだ。普通は税理士に頼んでやってもらうらしいけど、かなり費用もかかるみたいだし、だいたい、他人にうちの財産のこと知られるの、何となく不安じゃない。美由紀はむかし銀行で働いてたし、少しは税金の知識もあるからね。その代わり、上手くいったら俺たちに10万円ずつくれよ。あはは」

※1…「小規模宅地の特例」↓208ページ
※2…生命保険の活用↓222ページ
※3…「配偶者の税額軽減」↓211ページ

税金の知識に疎い母親や妹たちに反対意見のあろうはずもなく、一郎の意見はそのまま採用された。首尾よくいって税金が安くなったら、10万円じゃなくて100万円もらっていいということを確認して、この日の家族会議はお開きとなった。

そしてそれから約半年にわたり、一郎夫婦は、申告書作成に向けて相当な労力を費やすことになったのである。

2. 相続税の勉強と申告への道のり

美由紀は、夫の家族から期待されたことを単純にうれしく思い、家事の合間を縫って相続税の勉強を始めた。

書店に行って相続や相続税に関する本を何冊も買い求め、片っ端から読んだ。インターネットでは「相続」をキーワードに検索し、いろいろな情報を蓄えた。武蔵野税務署が意外に近いところにあることがわかり、市内には税理士事務所もたくさんあって、その中には相続税に詳しそうなところとそうでなさそうなところがあることも知った。

税理士事務所のホームページには、あちらこちらに相続税に関する情報が掲載されており、それを読むだけでも結構な勉強になる。また、武蔵野市役所には市民税務相談というコーナーが設けられていて、事前に申し込めば税金に関する相談を無料で受けられることも知った。

世の中、本当に便利になった。こうして机の前に座っているだけで実にいろいろな情報を得ることができる。これならむずかしい相続税の申告も何とかなりそうだ。家族の期待に応えられる予感。その喜びにワクワクしながら、美由紀の勉強熱はさらに高まっていく。

一郎は一郎で、自身の人脈を使っていろいろ調べている。勤務先の会社では税金に詳しそうな同僚や先輩に話を聞いて回った。日頃から「この人は詳しそう」と感じている相手なら、それまで付き合いがあまりなかった人にも臆せず声をかけて教えを請うた。しかし残念なことに、断片的な知識は得られるけれども、会社に財務や法人税に詳しい人はいても相続税のオーソリティーは存在しないのである。

そういえば学生時代の友人から、親を亡くして相続ですごく苦労したという話を去年のクラス会で聞いた。そんなことをふと思い出して、その友人に電話をかけて夕食に誘い出すことにした。二つ返事でオーケーをくれた彼にいろいろ話を聞いてみると、「とにかく信頼できる弁護士や税理士を見つけ出して、最初からきちんと相談しろ」ということだ。その友人の家では、妹の亭主が相続人でもないのにいろいろ口を挟んで入れ知恵をし、上手くまとまりかけた話がこじれてしまい、裁判の直前までいったとのことだった。

「そりゃたいへんだったね」と相づちを打ちながら話を聞いたものの、心の中では「うちとはだいぶ様子が違うな。揉めごとのない我が家にはあまり参考にならないかも」と思ってしまう。ただ、ちょっと心に引っかかったのは、「申告したあとに税務署にやられちゃってさあ。腰が抜けるほど税金を追徴されたよ」というひと言だった。

なぜそんなことになったのか。それは、その友人の説明によれば、銀行の貸金庫に彼も知らなかった1キログラムの金の延べ板が10枚近くも眠っており、それだけで数千万円の財産。それを隠していたということで「重加算税」※の対象とされ、「延滞税」と合わせてかなりの税金を搾り取られたというのである。母親はしょげかえり、子どもたちはあきれかえり、しばらくは家の中がぎくしゃくしたよ、と友人は苦笑しながら話してくれた。

友達って本当にありがたい。そんな身内の恥を、臆面もなく話してくれるのだから。でも、やっぱり我が家には関係ないな。税務署は怖いところかもしれないけれど、普通に申告すれば何も怖いことなんてないはずなんだから。一郎はそう思いながら家路につくのであった。

※各種加算税について↓160ページ

こうして夫婦それぞれが情報を仕入れ、一郎が会社から帰宅したあとは夕食を取りながら毎晩のようにその日に仕入れた情報を伝え合い、疑問点については夫婦で深夜まで話し合ったり、パソコンで調べたりする日々が続いた。

そしてその結果、次のようなことがわかってきた。

①相続税は故人の遺産を集計して計算すること(↓196ページ以降参照)

(ア) 相続税は、亡くなった人が所有していた財産を、原則として亡くなった日の時価で集計し、その総額に対して計算する

(イ) 土地については、路線価※で計算した金額を評価額とする。ただし路線価が付されていない地域では、固定資産税評価額に一定の倍率を乗じて計算した金額による

(ウ) 路線価は、国税庁のホームページにある「路線価図」で確認できる

(エ) 武蔵野市は都市部にあるので、土地は路線価方式により評価される。大介の所有地の路線価は1㎡当たり80万円(1坪当たり約264万円)なので、80坪に大介の持分である8分の7を乗じて計算すると、その評価額は約1億8千500万円と算出される

(オ) 建物は固定資産税評価額がそのまま相続税の評価額とされる。今野家の居宅建物は、固定資産税の納税通知書を確認したところ、1千万円という値段がついていた。したがって相続税評価額も1千万円になる

(カ) 株式は、原則として亡くなった日の終値により計算する。ただし亡くなった日の属する月の終値の平均値と、その前月の平均値、さらにその前々月の平均値を比較し、一番低い価格によることもできる

※路線価…都市部などにある主要な道路に面した土地の税務上の評価額を、1平方メートル当たりの単価で表わしたもので、国税庁が毎年夏ころに公表する。

②住宅の敷地には「小規模宅地の特例」の適用があること

（ア）亡くなった人が居住していた家の敷地については、最高240㎡までの範囲で[※1]、評価額が80％引きとなる。これを小規模宅地の特例という

（イ）したがって1億8千500万円の宅地は、1億8千500万円×20％により3千700万円の評価額でよいことになる

※1…平成27年1月1日以降の相続から最高330㎡に拡大↓235ページ

③基礎控除額を控除できること

（ア）相続税には「5千万円＋1千万円×法定相続人の数」[※2]で計算した基礎控除がある

（イ）今野家の場合、法定相続人は母親と子ども3人で合計4人だから、5千万円＋1千万円×4人により9千万円を遺産から控除できる

※2…平成27年1月1日以降の相続から「3千万円＋600万円×法定相続人の数」に縮少↓235ページ

④配偶者には税額軽減があること

（ア）配偶者が遺産を相続する場合には、法定相続分または1億6千万円のいずれか高いほうまでを相続する部分について、相続税が免除される

⑤生命保険金には非課税規定があること

（ア）生命保険金には、前記の基礎控除とは別に相続人1人当たり500万円の非課税枠がある

（イ）母親が受け取った保険金は4千万円だから、500万円×4人により2千万円が非課税となって、残りの2千万円だけが課税対象とされる

ここまでの理解は夫婦とも同じであり、認識も一致した。そこで今までの勉強の成果を試すべく大介の遺産を集計してみると、左ページのような結果になった。

さて、問題はここからである。

配偶者が遺産を相続すれば、法定相続分※または1億6千万円のいずれか多いほうまでは相続税がかからないことを勉強した。そして今野家の場合、基礎控除が9千万円あることもわかる。

しかし、この両者の関係がどうしてもわからない。遺産から配偶者の相続分を先に引いてしまって、そこから基礎控除を差し引くのだろうか。そうだとしたら、正江が1億170万円以上の遺産を相続すれば残りは基礎控除の9千万円以下となり、相続税は1円もかからないことになる。それなら話はずいぶん簡単だ。いやそうではなくて、1億9千170万円の

※法定相続分→192ページ

［大介の財産の総額］

1. 吉祥寺の家

土地　185,000,000円×20％＝37,000,000円
建物　固定資産税評価額　　　10,000,000円

合計　47,000,000円

2. 富士山の別荘

土地　固定資産税評価額5,000,000円
×倍率1.2＝6,000,000円
建物　固定資産税評価額　　　2,000,000円

合計　8,000,000円

3. 預金

四井銀行　　吉祥寺支店　死亡日残高　51,300,000円
みずの銀行　吉祥寺支店　死亡日残高　48,600,000円

合計　99,900,000円

4. 株式

○○自動車　2,000株×4,000円=8,000,000円
△△建設　　3,000株×　300円=　900,000円
××商事　　1,000株×1,900円=1,900,000円
□□食品　　5,000株×1,200円=6,000,000円

合計　16,800,000円

5. 生命保険金

40,000,000円－5,000,000円×4人＝20,000,000円

合計　20,000,000円

6. 全財産合計

1.～5. 合計＝191,700,000円

遺産からまずは基礎控除の9千万円を差し引いて、その残りから……？

どうもよくわからない。夫婦の会話は深夜になっても果てしなく続いていく。


「うちの土地は、お母さんの持分まで入れたら2億円以上の価値があるのね。すごいわね」

「ほんとだよな。住んでるだけじゃ何の実感もないけどな」

「お義父さんも大したものね」

「ずいぶん昔に手に入れたんだからさぁ、きっと買ったときは安かったんだと思うよ」

「でもこの値段にまともに相続税をかけられたら、うちはお金がなくなっちゃうんじゃない？」

「そうだよな。小規模宅地の特例って、本当にありがたいよ。それにしても1億8千500万円の土地が3千700万円になっちゃうなんて、本当に大丈夫かなぁ。ちょっと凄すぎると思うんだけど」

「そうね。なんか恐いくらいの減額よね。でもどの本を読んでもそう書いてあるし、大丈夫なんじゃないの？」

「まあな。都会の家を維持していくのはたいへんなんだから、このくらいの特典がないとみんなバラバラになっちゃうもんな」

「それにしても配偶者の税額軽減ってむずかしいわね」

「どの本を読んでも、この部分に来ると途端に説明がむずかしくなる。ほんとによくわからないなぁ。美由紀さぁ、一度、市役所の税務相談で聞いてきてくれない？」

「そうね。私もそのほうがいいと思う。小規模宅地の特例も何となく不安だし、一度税理士さんの専門知識を借りて確かめておいたほうがいいもんね。明日電話して予約してみるわ」

3. 市役所の税務相談室

その数日後、美由紀は電話で予約した午後2時の少し前に、市役所の税務相談コーナーに到着した。受付で、与えられた用紙に名前と相談したいことのポイントを記入していると、親切そうな女性職員に、税理士への相談時間は30分である旨の説明を受けた。

ちょっと緊張しつつ、相談したいことを頭の中で整理しながらしばらく待っていると、やがて「○番の方、どうぞー」と声がかかる。

相談室に入ると、机の向こう側には白ワイシャツにブルーのネクタイを締めた、50代と思われる男性が座っている。笑顔で迎え入れてくれて、そんなに堅苦しい感じではなさそうだ。

相談室は、大きなフロアの窓際の一角に、パーティションで仕切られた個室スタイルで作られている。部屋はせいぜい四畳半程度でそれほど広いわけではなく、分厚いガラス越しに午後の日差しがさんさんと照りつけ、冬だというのにかなり暖かくてまぶしい。なんだか温室の中で密談をするみたいで、ちょっとおかしくなった。

「すみません。よろしくお願いします」

「相続に関するご相談ですね？　どんなことでしょう」

「はい。配偶者の税額軽減ってあると思うんですけど、これって遺産全体から配偶者がもらう金額を先に差し引いて、その残りから基礎控除を引けばいいんでしょうか」

「ほぉ。勉強しておられますね」

「そうじゃないんですけど、家の相続のことで、自分たちで申告してみようということになって、いろいろ調べているうちにだんだんわからなくなってきちゃったんです」

「相続税の申告を自分でやるんですか……。それはたいへんですね」

「やっぱり無理でしょうか？」

「いや、相続税は〝申告納税〟といって、自分が払う税金を自分で計算して申告するのが建前ですから、もちろんご自分でおやりになるのがベストです。ただ、相当たいへんだと思いますけどね……。我々専門家でも、相続税の案件には手を出さない人がかなりいるくらいですから」

「えーっ。そうなんですか？」

「はい。やっぱりリスクも大きいのでね。まあできるところまで頑張ってみてください。さて、お話を戻しますが、ご質問の配偶者の税額軽減は、お考えのような順序で適用するものではありません。財産の総額はだいたい集計できているのですか？」

「はい、とりあえず1億9千万円くらいになりそうです。土地については小規模宅地の特例を控除したあとの金額ですけど」

「本当によく勉強していますね。それなら申告も大丈夫かもしれない。それでは1億9千万円を前提にお話をしますと、そこからまず基礎控除を差し引きます」

「うちは妻と子ども3人で、法定相続人が4人なので、基礎控除は9千万円です」

「素晴らしい、説明が省けますね。それでは1億9千万円から基礎控除の9千万円を差し引いて、残りが1億円。これに対して、まずは税額計算をするんですね。相続税の税率はこうなっています」

そう言いながら、相談担当の税理士は、次のような相続税の税額表※を見せてくれた。

「ということは、うちの遺産は基礎控除後で1億円だから、1億円以下のところで計算すると……、1億円に30％を掛けて、控除額の700万円を差し引いて……。2千300万円もかか

※平成27年1月1日以降の相続から相続税の税率は変更される→236ページ

相続税の税額速算表

課税対象額	税率	控除額
1,000万円以下	10%	−
3,000万円以下	15%	50万円
5,000万円以下	20%	200万円
1 億円以下	30%	700万円
3 億円以下	40%	1,700万円
3 億円超	50%	4,700万円

るということですか!?」

「いえいえ、そうじゃないんですよ。みなさん、この部分で勘違いなさるんですが、基礎控除後の財産額、お宅の場合には1億円ですが、まずはこれを法定相続割合に分割します。配偶者は2分の1、子どもは1人当たり2分の1かける3分の1だから6分の1。ということは……こうなりますね。そしてそのそれぞれの金額に、この税率表を当てはめて税額を計算し、それを合計したものが相続税の総額になるんです」

こう言いながら、税理士は紙にさらさらと39ページのような算式を書いて見せてくれる。

「つまり基礎控除後の遺産が1億円で、法定相続人が配偶者と子ども3人のケースであれば、相続税の総額はだいたい1千400万円くらいになる、ということですね」

「先生。どうしてこんなにややこしい計算をするんでしょうか」

「相続税は、遺産全体ではなく、財産をもらった人ごとに、個別に累進税率を適用して税額を計算したいんですね。ですが、実際に遺産を分割してそれぞれが受け取った金額ごとに税率を適用することにしたら、遺産の分け方によって一家全体にかかる税金の総額が変わってしまう。

累進税率というのは遺産をもらえばもらうほど税率が上がるしくみなので、たとえば1億円の遺産を1人の相続人が全部もらう場合と、4人が2千500万円ずつ均等にもらう場合とを比べたら、当然に前者のほうが税率が跳ね上がりますからね」

「なるほど」

「だから、遺産の分け方によって税金の総額が変わらないように、まずは遺産額を法定相続割合で分割したものと仮定して、1人1人の相続人の法定相続割合に対応する遺産額を算出し、これに税率を適用する。そうして計算された税金の総額を、一家全体の税額として固定してしまうんです」

「はぁ。ちょっとむずかしいですね」

今野家のおおまかな相続税試算表

① 妻の法定相続分
1億円×1／2＝**5,000万円**

② 子ども1人当たりの法定相続分
1億円×1／2×1／3＝**1,666.6万円**

③ ①に対する税額
5,000万円×20％－200万円＝**8,000,000円**

④ ②に対する税額
1,666.6万円×15％－50万円＝**1,999,900円**

⑤ 全体の税額
③＋④×3人＝**13,999,700円**

「このメモを差し上げますので、家に帰ってからじっくり考えてみてください。いずれにしても、あなたの場合の相続税の総額は1千400万円前後ということになるでしょうね」

「ありがとうございます。ところで先生、配偶者の税額軽減っていうのは……」

「はあ、そうでした。ははは。まず、この1千400万円の税額を、実際にそれぞれの相続人が遺産をもらった比率に応じて比例的に配分するんです。たとえばお母さんが1人で全部の遺産を相続したら、お母さんに1千400万円の負担がいくことになりますし、4人の相続人が4分の1ずつ相続するなら、各人が350万円ずつの相続税を納付するわけです」

「そうか、遺産をもらった割合に比例して税金がかかるということですね。それなら公平だわ」

「そうですよね。そしてここからがいよいよ本論なのですが、配偶者に割り振られた税金に関しては、その配偶者の法定相続分に見合う税額までは無税とされることになっています。あなたの家の場合には、お母さんの法定相続分は2分の1ですよね。したがって全体の遺産が1億9千万円とのことですから、もし2分の1に相当する9千500万円をお母さんが相続するならば、比例的に割り振られた税額の700万円（1千400万円×1／2）がそっくり無税になるわけです」

「そういうことだったんですか。それじゃ子どもたちの税金には影響がないんですね？」

「そうです。残りの700万円の税金は、3人のお子さんが実際に遺産を相続した割合に応じて負担することになります」

「母がすべてを相続した場合にはどうなるんでしょうか」

「その場合には、法定相続分を超える部分に見合う税額はお母さんが払うことになるのですが、もう1つややこしい規定がありまして、お母さんがもらう財産が1億6千万円までであれば、やっぱり無税になるんですよ。つまり遺産総額の2分の1か、あるいは1億6千万円のどちらか多いほうまでの相続財産に対する税金がゼロになる、ということなんです。

したがって総遺産が1億9千万円ということですから、お母さんの取り分が法定割合の9千500万円を超えても、1億6千万円までならやはり税金はゼロ。仮にお母さんが1億6千万円、お子さんたちが1人1千万円ずつ相続するということなら、相続税の総額の1千400万円のうち、お母さんに割り振られる約1千180万円（1千400万円×1億6千万円／1億9千万円）は無税となります。そしてお子さんたちは、1人当たり約74万円（1千400万円×1千万円／1億9千万円）を納めればよいことになるわけです」

美由紀は、今野家の家族が以前に話し合っていた、子ども1人当たり1千万円ずつで残りは全部お母さん、というプランに対するドンピシャの回答が思いもかけず得られたので、すごくうれしくなった。

「先生、ありがとうございます。それじゃもう一度確認しますけど、遺産が1億9千万円、これを妻が1億6千万円、子ども3人がそれぞれ1千万円ずつ相続したら、払う税金は子ども1人が74万円ずつ、3人合わせて222万円でいい、ということですね？」

「そうですね。おおむねそれでいいと思いますよ」

「なんだ、意外に安いんですね。助かったわ」

「ただしご注意いただきたいんですが、配偶者がたくさん相続すれば、確かに1回目の相続税は節約できますが、次にその配偶者が亡くなったとき、これを一般に二次相続※といいますけど、その二次相続のときの税金がかなり高額になる可能性があるんです」

「どうしてですか？」

「だってね、二次相続のときは配偶者はすでにいないので配偶者の税額軽減の適用は受けられないし、法定相続人も1人減ってますから、基礎控除も小さくなるでしょ？」

「そうか、確かにそうですね。まあ、でも、うちの母親はかなり元気そうですし、相続はまだ当分先の話になりそうですから。あはは。またそれはそのときに考えることにしますよ。それより先生、もう1つ教えていただきたいんですけど、小規模宅地の特例って、たとえば土地の面積が70坪で、路線価の評価額が1億8千500万円だったら、その20％の3千700万円になっちゃうということで間違いないでしょうか？」

「そうですね。240㎡までなら8割引ですからね。その考え方で間違いないと思いますが」

「やっぱりいいんですね。ずいぶん安くなるので、本当に大丈夫かしら、と思って」

「そうですね。とても効果のある特典ですね。ただし注意しなければいけないのは、亡くなった方が住んでいた家の敷地でも、原則としてその家に居住を継続する人が相続するのでなければ、この特例の適用は受けられない、ということです」

※……178ページ

「なるほど、よくわかりました。とても勉強になりました。本当にありがとうございました」

美由紀はこう挨拶して、相談室をあとにした。今夜、一郎が帰ってきたら、早速報告しよう。配偶者の軽減は、ちょっとむずかしくて上手く説明できるかどうかわからないけど。我が家の場合にはお義母さんが1億6千万円まで相続するならすべて適用になって、お義母さんに相続税はかからないこと。一郎や妹たちが1人1千万円ずつ相続するなら、1人当たりの税金は74万円でいいこと。小規模宅地の特例は、我が家の場合にはバッチリ対象になること……。

きっと喜ぶだろうなぁ。これで税金の目処も立ったし、自分たちで申告書も作れそうだし。私にも少しお小遣いもらえそうだから、ちょっと贅沢しちゃおうかなぁ。そう思うと、自転車をこぐペダルにも自然と力が入る。

2月の東京はとても寒いけれど、それでもあちこちの家の庭先には、ツバキやサザンカが赤い花を咲かせていて、すごく美しい。美由紀は、そんな花を眺めながら今日の相談内容を頭の中で整理した。そして冷たい北風を頬のあたりに感じつつ、夕食の食材を買うため近所のスーパーに向かうのであった。

4. 遺産分割協議

大介が亡くなってから半年が経ったある日、また家族みんなが今野家に集まって、相続の最終的な打合せをすることになった。

春先の穏やかな日差しが気持ちのよい土曜日の午後、今野家の庭には芝桜のピンクの花がじゅうたんを敷き詰めたように咲きそろい、そよ風になびいている。10年ほど前に大介が植えたシャクナゲも年々大きくなり、草花というよりは樹木の様相を呈してきて、最近は大きなつぼみをたくさんつけるようになった。

来月あたりには、ツツジによく似た赤い花がまとまって1つの大きな花のような形に咲きそろい、それは豪華な眺めになるであろう。その横にある花菖蒲《はなしょうぶ》も、刀のようにシャープな形の緑色の葉をすくすくと伸ばし、春の太陽のエネルギーを精一杯吸収している。

正江は、こうして庭を眺めていると、在りし日の大介が作業着を羽織って土をいじっている姿がまぶたの裏に浮かんできて切なくなる。「春っていいよなぁ。生命の躍動感があって」。大介はいつもそう言いながら、汗まみれになって雑草を抜いたり、肥料をまいたり、実にこまめに庭の手入れをしていた。そんな光景が、昨日のことのように思い出されるのである。

よく2人で植木屋さんに行って、いろいろな木を買ってきては植えたっけ。あの花梨《かりん》の木も、買ってきたときは1メートルくらいの幼木だったのに、今じゃすっかり大きくなって見事な実がなるようになって。そういえばこのムクゲの木も、自分たちで買ってきて植えたんだった……。

「……お母さん、そろそろいいかな？」

一郎の声で、正江は我に返った。その声は生前の大介にそっくりで、ハッとさせられる。

「ごめんなさい、ちょっと考えごとをしてたもんだから」

「それじゃみんな、これを見てくれ」

一郎は次のようなメモを全員に配った。

お父さんの相続税試算

1.財産の計算

前回の説明どおり　191,700,000円

2.債務・葬式費用　1,700,000円

3.基礎控除

50,000,000円＋10,000,000×4人＝　90,000,000円

4.課税対象額

191,700,000円－1,700,000円－90,000,000円＝ 100,000,000円

5.相続税の総額

①妻　100,000,000円×1／2＝50,000,000円

50,000,000円×20％－200万円＝8,000,000円

②子ども　100,000,000円×1／2×1／3＝16,666,000円

16,666,000円×15％－ 50万円＝1,999,900円

③税額合計　①＋②×3人＝13,999,700円

6.各人の税額

①お母さん　13,999,700円×160,000,000円／190,000,000円＝

11,789,200円

(配偶者の税額軽減)

13,999,700円×160,000,000円／190,000,000円＝

11,789,200円

∴ 11,789,200円－11,789,200円＝0円

②子どもたち　13,999,700円×10,000,000円／190,000,000円＝
(1人当たり)

736,800円

一郎は、このメモを片手に、次のような説明をした。

「1．の財産計算のところはさ、前回の説明と何も変わっていないわけよ。美由紀が市役所の税務相談に行ってくれて、小規模宅地の特例で土地の値段が8割引になるのが間違っていないということも確認してくれたし。そこで今日の話は2．から下になるんだけどね。3．の基礎控除はみんなも知ってるよね。我が家の場合、相続人が4人だから、要するに遺産から9千万円が引けるわけ。つまり税金の対象になるのは、葬式費用も差し引いた4．の1億円ということだな。そして5．の説明はややこしいので省略するけど、要するに本来なら約1千400万円の税金がかかることになる。

ところがさ、お母さんは配偶者だから、財産を1億6千万円まで相続する分には税金がかからないという特例が受けられるんだよ。下から6行目の「配偶者の税額軽減」っていうところに書いてある「11，789，200円」というのがそれ。だからお母さんは、相続財産がちょうど1億6千万円なので、それをマイナスして納税額はゼロになる。

それで子どもの俺たちはね、お互いに1千万円ずつもらうことで合意してるから、それに対する税金は1人当たり「736，800円」。つまり1千万円もらって73万円の相続税を納めれば、あとは自由に使える、というわけだな」

長女の洋子がすかさず口を挟む。

「お母さん、よかったじゃない。やっぱり妻の座ってすごいのねー。本当だったら1千200万円近くも払わなきゃいけない相続税がゼロになるなんて。長年の功績が少しは報われた感じ？　私たちの税金も、安くはないけど、それでも思ったほどじゃないのね。相続税って高い、高いってあちこちで脅かされたけど、やっぱり庶民にはやさしくできてるんだ。お父さんから、税金を引いても900万円以上のプレゼントがもらえるなんて、なんだか夢見たい。すごい。あー、うれしい。

美由紀姉さんも、本当にいろいろと調べてくれてたいへんだったわね。ありがとうございます。約束どおり、ちゃんとお支払するものはするわよ。私はこのプランで、お兄ちゃんが税金の計算で苦労した分を少し多めにもらえば、それでいいと思う」

正江も、思ったより税負担が軽いので思わず表情がほころぶ。

「ほんとね。一家合わせても200万ちょっとの税金で済むなんて、思っていたよりずっと安いわ。日本も捨てたもんじゃないわね。というより、お父さんの残してくれた財産が庶民レベルだったということかしら。あはは。それにしても、私がほとんど相続させてもらうんじゃ何だかみんなに申し訳ないから、せめてあなたたちの税金くらいは私が払ってあげますよ。それにしても一郎も美由紀さんも、よくここまでまとめてくれたわね。本当にありがとう」

一郎もちょっと照れくさそうに答える。

「結構たいへんだったけどね。美由紀があちこち出かけていろいろ調べてきてくれたから、どうにかここまで形になったんじゃないかな。でもさあ、むずかしい法律のことになると夫婦でも解釈の仕方が違うから毎晩のように衝突して、一時は離婚の危機だったよ。ほんとに。それにしてもお母さん、俺たちの税金をお母さんが払ったら、それって贈与になっちゃうんじゃないの？　だからまずいと思うよ。はははは」

はしゃぐ家族の中で、二女のまりだけは、集まったときから何となく暗い顔をしている。みんなも、何だか様子がおかしいなと思ってはいたが、やはり予想外なことを言い出した。

「あのー、あたし、あのあといろいろ考えたんだけど、だんだん不安になってきたのよね。お兄ちゃんもお姉ちゃんもちゃんと結婚して、子どももできて、幸せな家族に囲まれて将来は安泰だけど、私は独身。たぶん結婚しないまま一生過ごすことになると思うんだけど、それは私の選択だから仕方ない。でもね、年をとったときのことを考えると何だかとっても不安なの。今は楽しいんだけどね。

だから、すごく言いづらいんだけど、頼れるものは結局お金だけでしょ？　遙ちゃんや宏行ちゃんに迷惑かけるわけにもいかないし。今回はお母さんがほとんどすべてを相続して、それはそれでいいことだとは思うけれど、でもそれって問題の先送りじゃない。今度お母さんに相続が起きたとき、いったいどうなるのかしら。お母さんがいなくなってから兄妹げんかするなんていやだし。そんな心配するくらいだったら、私としては、今のうちにある程度いただけるものはいただいておいたほうがいいような気がするのよ」

その場の空気は、この瞬間に完全に凍結した。正江も、一郎も、洋子も、そして台所で果物の皮をむいている美由紀も、まりの表情を凝視している。まりはまりで、のどの奥に詰まっていたものをすべて吐き出したように、気まずい表情を浮かべながらも、少しさっぱりしたような顔つきでテーブルの上の湯飲み茶碗を見つめている。

少しの時間、沈黙が続いたが、一郎がつばを飲み込んでから切り出した。

「それで、まりはどうしたいわけ？」

「……。どうしたいというわけでもないんだけどね、私、やっぱり生まれ育ったこの吉祥寺の家が好きなのよ。だからね、幸いにして家も結構大きいし、年をとったらこの家のどこか端っこの一部屋にでも住まわせてもらえないかなと思って。でもそのためには、私にも少し持分を持たせてもらえないと不安でしょ？　お兄ちゃん夫婦を疑うわけじゃないけど、私も安心して住める権利が欲しいのよ。

お姉ちゃんはお嫁に行ったから、きっとここに戻ってくることはないと思う。だから3人兄妹で公平になるように、お姉ちゃんは預金とか株とか処分に困らない金目のものをもらえば、きっとそれが一番いいことだと思うのよね。私だって、何もこの家を半分よこせなんて考えているわけじゃないの。当分は今のまま、気ままな1人暮らしのほうが楽だし、ここに押しかけてこようなんて思っていません。ただ心配なのは、年とったときのことなのよ。

第一、私には子どもがいないんだから、死んだら私の財産は全部お兄ちゃんやお姉ちゃんのところに行くでしょ？　だから私が遺言を書いて、吉祥寺の家の私の持分は遙ちゃんや宏行ちゃんのものになるようにしておけば、それでお兄ちゃんたちに迷惑をかけることはないと思うんだけど。どうかしら」

もっともな話である。末っ子はわがままで言いたい放題を言う、というのが世間の通り相場だが、まりの言っていることには筋道が通っている。一郎も美由紀も、小姑と同居かよ、という面倒くさそうな不安材料が頭に浮かんで一瞬は憂鬱な気分になったが、しかしまりの言うように、彼女がすぐにこの家に引っ越してくるとも思えない。

現在の彼女の生活状況を見れば、本当に1人暮らしを楽しんでいるようで、夜遅くまで友達と飲み歩いたり、ときどきは、誰と行くのか知らないけれど海外旅行も楽しんでいるらしい。同居してくれと頼んでも、むしろ彼女のほうから断ってきそうな感じさえする。

また、彼女が亡くなれば、たしかに彼女のこの家の持分はきっと我が家の子どもたちのところにくるだろう。叔母と甥・姪の関係もきわめて良好で、子どもたちも、まりおばちゃんと一緒に食事したりするのを楽しみにしている。まりも、子どもたちをとっても可愛がってくれて、勉強のことや将来の進路のことなど、親身になって考えてくれている。

そう考えれば、彼女の言い分に反論する材料は1つも見当たらないし、むしろ彼女がかわいそうにも思えてきた。ここは、まりの言い分を聞いてあげることが正しいのではないだろうか。家族一同、みなそう考え始めたのである。

そこで一郎が、みんなの表情を見回しながら、話をまとめる方向に入る。

「わかった。まりの言い分ももっともだよな。それじゃ、この家の建物と土地、何割かはお前のものにしよう。どのくらいがいい？」

「どのくらいって、ほんとに少しでいいのよ。あんまり沢山もらうと、税金も増えちゃうんでしょ？　だから、とにかく名前が少し入っている、という程度でいいの」

「そうか。それじゃ、土地の全体の評価額が3千700万円だから、たとえば1割なら370万円。税金にすると、えーっと、この算式（46ページ）の一番下の1千万円のところを370万円に置き換えて計算すればいいんだから、ということは27万2千600円かぁ。税金にすれば30万円弱くらいだな。どう？　このくらいだったらどうってことないだろ？　それとさ、みんなで分ける1千万円ずつもさ、まりはそのままもらっておいていいから。それでいいよね、お母さん？　洋子？」

5. 申告書の作成そして提出

こうして遺産の分割協議は確定した。最終的な分割案は次のとおりとなった。

①自宅の土地の大介の持分は、正江が10分の9、まりが10分の1の割合で相続する。

②その他の財産は、すべて正江が相続する。

③正江は、相続した預金の中から一郎に対し1千100万円、洋子に対し1千万円、まりに対し1千万円をそれぞれ支払う。

④債務や葬儀費用は、すべて正江が負担する。

税務署でもらってきた「相続税の申告のしかた」という手引き書を見ると、その最後のほうに遺産分割協議書のひな形が載っている。美由紀は、一郎から指示されたとおり、この書式にならってそれぞれの財産の名称と取得者の名前をパソコンで入力し、遺産分割協

※地積…土地の面積のこと

議書を作成する。慣れないことなのでなかなかたいへんだが、それでもここ数か月間、この問題に取り組んで一生懸命勉強してきたためか、要領はかなり掴めてきた。土地の所在地番や地積※などは、何も見なくても書けるくらい頭に入っている。預金の残高や株式の銘柄・株数などもだいたいわかっているので、案外な短時間で仕上げることができた。

一郎は、同じく税務署でもらってきた相続税の申告書の用紙に、税金の計算をしながら必要箇所を書き込んでいく。想像以上の書類のボリュームで、こちらはかなりの悪戦苦闘である。とても1日や2日で完成できる代物ではなく、疑問点が生じる都度、美由紀に頼んで税務署の窓口に足を運んでもらい、質問をしてもらった。正直なところ、正しく理解できたかどうか怪しい部分がないわけではないが、今さら税理士に相談するのも癪《しゃく》だし、何とか力ずくで作成し、一応の完成までこぎ着けることができた。

一郎の手書きによる苦心作の相続税申告書。その第一表に記載された、各相続人の取得財産と納める相続税額は次ページのとおりである。

申告書がようやく完成した。この間、9か月の歳月を要した。本当にたいへんだったが、それだけに達成感も大きい。妹たちも、みんな協力してくれて、その後の分割の話合いもスムーズにまとまった。

一郎が作成した相続税申告書第一表

（単位：円）

	合計	今野正江	今野一郎
取得財産の価額	191,700,000	157,000,000	11,000,000
債務・葬式費用	△1,700,000	△1,700,000	0
純資産価額	190,000,000	155,300,000	11,000,000
生前贈与額	0	0	0
課税価格	190,000,000	155,300,000	11,000,000
基礎控除	90,000,000		
相続税の総額	13,999,700		
按分割合	1.00	0.817	0.058
算出税額	13,999,698	11,437,754	811,982
配偶者の軽減額	11,437,754	11,437,754	0
申告納税額	2,561,700	0	811,900

	横田洋子	今野まり
取得財産の価額	10,000,000	13,700,000
債務・葬式費用	0	0
純資産価額	10,000,000	13,700,000
生前贈与額	0	0
課税価格	10,000,000	13,700,000
基礎控除		
相続税の総額		
按分割合	0.053	0.072
算出税額	741,984	1,007,978
配偶者の軽減額	0	0
申告納税額	741,900	1,007,900

美由紀には感謝の気持ちでいっぱいである。自分の実家のことでもないのに、最初から最後まで嫌な顔1つせず、まるで自分のことのように一生懸命考えて支えてくれた。そのことを思うと涙が出そうになる。恐らく、相続税の申告書を自分たちの力だけで作成した人なんて、滅多にいないのではないだろうか。

最初は税金の申告なんて簡単だろうと高をくくっていたが、正直なところ、途中で何度も挫折しそうになった。税金って、どうしてこんなにむずかしくできているのだろう。いくら本を読んでも、一生懸命考えても、わからないことだらけだ。彼女が市役所や税務署に相談に行ってくれなかったら、きっととんでもない方向に突き進んでいたに違いない。

何とも言えない晴れがましい気持ちだ。この感謝の気持ちを彼女にどのようにして表わせばいいのだろう。そうだ、とりあえず家族から今回の手間賃として積み増ししてもらった100万円は、全部彼女に渡そう。それだけじゃ感謝の気持ちは伝わらないかもしれないけど、それでも少しは喜んでくれるかな……。

一郎は、そんなことを考えながら、書類をまとめて製本した。税務署に提出するもののほかに、自分たちの控え用として各自1部ずつ、合計5部の申告書ができ上がった。重ねてみると数十センチの厚みになる。大したものだ。書類が完成した日の晩は、これらの書類をテーブルの上に山のように積み上げて、家族3人で祝杯を挙げた。

ちょっと高いワインの栓を抜き、美由紀の手料理でディナーを楽しんだ。母も妻も、満足そうな表情をしている。あぁ、本当によかった。それにしても疲れたなぁ。この半年間、休みの日はほとんど相続のことに費やしたような気がする。そうだ、来月あたり久し振りに家族で寿司屋にでも行ってみようか。そんな話をしながら、今野家の夜は更けていった。

そしてそれから数日後、妹たちに再度集まってもらい、それぞれが必要な箇所に実印を押印して、申告書は完全な形になった。税金の納付書も、税務署で入手した用紙に自分たちで金額を書き込んで完成させ、それぞれが金融機関で納める手続きを取る。申告書は、美由紀がまとめて武蔵野税務署に持参し、受付で押印をもらって帰ってくる。これですべてが完了だ。本当によくやった、万事めでたし、めでたし、である。

初夏7月。今野家の庭には、くちなしの真っ白い花が咲き誇っている。目に鮮やかなグリーンの葉色と、クリーム色がかった白い花のコントラストが実にみごとである。その花からは、甘い香りが庭一面に漂い、うっとりとした気分になる。

正江と美由紀は、庭の花を愛でながら、今までの出来事を振り返って、おしゃべりを楽しんだ。そんな2人には、その8か月後にとんでもない出来事が待ち構えているなどとは、想像すらできなかったのである。

6. 税務調査（16ページの続き）

――3月28日、火曜日。午前10時きっかりに、今野家のインターホンが鳴った。武蔵野税務署調査官の来訪である。

美由紀は、緊張した面持ちで玄関に立ち、調査官を出迎えた。

男性が2人立っている。

1人は身長180センチくらい、頭を角刈りにして、でっぷりと太った、まるで柔道の選手のような大男である。年齢はよくわからないが、50代前半というところだろうか。濃い茶色の、特大サイズの背広をダブダブな感じで着ている。足も相当大きいのであろう、かなり目立つ革靴はうっすらと埃をかぶり、あちこちに傷がついていて、あまり上品な感じではない。

もう1人は、身長160センチ前後、やせ形。髪はオールバックで、黒縁の眼鏡を掛けている。ちょっと神経質そうだ。スーツも黒、靴も黒で、何だか葬式帰りのような陰気な感じを受ける。おまけに大きなマスクをしているので、どんな顔なのかもよくわからない。人は第一印象が大切、というが、美由紀にとってこの2人の第一印象は最悪であった。こんな恐そうな人が……。今日1日が思いやられる気分である。

それでも挨拶を簡単に済ませ、玄関でスリッパに履き替えてもらい、正江が待つ奥の座敷に案内した。調査官は2人とも、大きくて重そうな鞄を片手に持ちながら、狭い廊下を体を縮めるようにして歩いていく。そして八畳間の座敷に、テーブルを挟んで正江と向かい合って座った。

「奥さん、今日はすいませんね。私は武蔵野税務署の資産税部門の調査官で山下という者です。こちらは私の部下の牧野です。どうぞよろしくお願いします」

2人は、それぞれに上着の内ポケットから身分証明書のようなものを出して、正江に見せた。古ぼけた白黒の写真の横に、小さい字で何か書いてあるようだが、よく見えない。山下という上司は、それに加えて、名刺をテーブルの上に置く。薄い紙に家庭用のプリンターで印刷したような、民間の会社の人が出すものに比べるといかにも安っぽい手作りな感じである。名刺といっても、氏名と肩書きと、それに税務署の電話番号くらいしか書いてない。正江は、出された名刺には触れもせず、そのままにしておいた。

山下調査官は、強面《こわもて》だと思っていたが、話し始めるとニコニコと柔和な笑顔で、少し東北あたりの訛りを感じさせるイントネーションである。恐い人というより、純朴そうな感じがする。体の大きい人は、それだけで威圧的な印象を与えるが、会話を交わして印象が変わると、今度はその大きな体が可愛らしく見えてくる。なんだか熊のぬいぐるみみたいだ。

一方の牧野と紹介された部下は、ほとんど口を開かないが、眼鏡越しの目はやはり少し笑っているように見える。小柄なだけに最初からソフトなイメージで、それほど嫌味な感じは受けない。入室してからマスクを外したが、目鼻立ちの通った意外な美男子である。正江も美由紀も、少しホッとした。


美由紀が出したお茶を飲みながら、しばらくの間、雑談が続く。天気のこと。日本海側の大雪のこと。地震のこと。しばらく前に起きた高速道路での大きな交通事故のこと。そして飛行機事故のことに話題が飛び、航空会社の株価の動向にも話題は移った。

10時に来たのに、すでに15分以上が経過した。この人たち、いったい何しに来たのかしら。正江はだんだん腹が立ってきた。今この瞬間にも、一郎は会社できっとバリバリ仕事をしているんだろうに、公務員って呑気なものね。もしかしたらこうやって1日おしゃべりをして、時間をつぶす気なんじゃないかしら。でも我が家にとっては、それはそれでありがたいけど。

適当に相づちを打ちながら、そんなことを漠然と思い始めたそのとき、調査官は突然、「それではそろそろ始めさせていただきますか」と言った。そしてそれを合図とするかのように、鞄の中から分厚いファイルを出し、牧野はＡ４サイズのレポート用紙の束のようなものを出した。

山下が、急に改まったようにこう言う。

「奥さん、今日は今野大介様の相続税調査にお伺いしました。調査の過程では、ご家族にとって不愉快なお話を差し上げるかもしれませんが、我々も仕事として来ておりますので、そのあたりはどうかご勘弁ください」

「はい、わかりました。私、気が弱いですから、お手柔らかにお願いします」

正江がこう返事をすると、今までほとんどしゃべらなかった牧野が、手許のレポート用紙の束を見ながら、切り出す。

「それではまず最初に、今野大介様の生い立ちから亡くなるまでの経歴などについて、順番にお伺いします」

レポート用紙に見えた束は、ただの紙ではなく、あらかじめ用意された「質問書」だった。こちらからはよく見えないが、どこの家庭に調査に行くときにもきっと同じ順序で質問をするのであろう、1枚の用紙が4つか5つくらいの枠に仕切られており、その左半分には質問事項らしきものが箇条書きになっていて、右半分に回答が書き込めるような空欄が設けられているようである。

そして牧野調査官は、その用紙を順番にめくりながら、ほとんど顔を上げず、聞き取り事項を熱心に書き込みつつ質問をしていく。

「今野大介さんは、昭和5年、長野県のお生まれですね」

「ご提出いただいた経歴書によりますと、松本市の高校を卒業された後、東京・新宿の平沢印刷株式会社に就職され、その後この会社で20年近く働かれたようですが、奥さんとはこの会社で知りあわれたのでしょうか？」

「その後、ご結婚が昭和××年、ご長男の一郎さんが生まれたのが昭和××年、ご長女の洋子さんは昭和××年、二女のまりさんは昭和××年に生まれていらっしゃる……」

こんな風に我が家の歴史について質問されるのは、初めてのことである。正江は、当時の出来事が走馬燈のように次々に記憶の奥底からよみがえってきて、胸が熱くなってきた。

そうだ、一郎は初めての子で、しかも病気がちだったから本当に心配した。ぜんそく持ちで、長ネギを刻んで日本酒に浸したものをハンカチにくるんで首に巻いておくと良くなる、と近所のおばさんに教わって、よくやってあげたっけ。今じゃ考えられないけど、あの頃は本当に治ると信じていたわ。

洋子はおてんばで、よく怪我をした。裏庭に捨ててあったガラスの水槽に乗って、割れたガラスで足をざっくり切ったときは、こっちのほうが貧血で倒れそうになった……。

「そうなんですよ。一郎はぜんそく持ちでたいへんだったんですけど、その分、洋子がおてんばでねぇ……」

正江は、聞かれもしないのに、子どもたちの病気のことや性格などについて説明する。

牧野調査官は、正江のおしゃべりがひと段落すると、関心がなさそうな様子で「はあ、そうですか」と相づちを打ち、淡々と次の質問に移る。

「奥さんは、ご結婚まではご主人と同じ会社にお勤めされていたようですが、ご結婚後はお勤めされたことはおありですか？」

「いえいえ、ありませんよ。子どもが3人もできて、そりゃたいへんだったんですから。それに私自身、ちょっと血圧が高くて病気がちだったものですから、ずっと家におりまして。おまけに主人が36歳の時に独立しまして、自分で印刷会社を始めましたでしょう。それからは主人はもうずっと忙しくて、家のことは全部私に任せっきりだったんですよ。ほんとに」

「そうですか。わかりました、ありがとうございます。ついでながら奥さん、ご実家から奥さんご自身が遺産相続などされたことはありましたか？」

「いいえ。うちは山梨県の貧しい百姓の家でしたから。親には五体満足の体をもらっただけで、何ももらわずに東京に出てきましたよ。ほほほ」

この回答を聞いて、牧野は山下と目を見合わせた。顔はあくまで無表情のままだが、その視線と視線が、何かのメッセージを交換し合っているようである。

「次の質問に移ります。お宅では、お金の管理といいますか、お財布のひもはご主人と奥さんのどちらが握っておられたんでしょうか」

「お財布のひも、ですか？」

「そうです。日常的なお金の管理といいますか、ちょっとむずかしくいうと、家計費の決裁権限とでもいいますか」

「ああ、それだったら、全部主人です。うちの人は、ケチでねぇ……。とにかく毎月10万円だけ渡されて、これで全部やれって言うんですよ。まあ、私はそのほうが気楽でよかったけど、たまにはねえ、ちょっとはぜいたくしたくなるじゃないの。でも、全然ダメなのよ。私がたまには中華料理でも食べてみたいなと思っても、外で食事をするのが嫌いでしょ、だからそういう話をすると不機嫌になるんです」

「なるほど。ということは、今野家のお金の管理はすべて、ご主人が1人でなさっていたということですね？」

「そうねえ。主人は、ケチだけど几帳面な人でしたからねえ」

「ご主人は最後、病院で息を引き取られたんですね？」

「はい、そうですよ。1年以上かしら、病院を出たり入ったりしましてね。とにかくつらそうで、かわいそうでした」

「その頃のお金の管理はどうしてました？」

「だいぶ弱ってきましてね。亡くなる半年前くらいからは、遺言みたいなことを口走るようになって。ゴールデンウィークの頃だったかしら、銀行の通帳も判子も全部私に渡して、この先はお前がやれ、と言われました。そんなこと、突然言われてもねえ。最初はびっくりしたけど、それでもいろいろ聞いていましたから。どうにか代理がつとまりました」

牧野と山下は、また視線で合図を送り合っている。横で黙って見ている美由紀には、このやりとりが不気味で仕方がない。自分は相続人ではないので、何も口出しすることはできないが、それだけに義母と税務署員のやりとりを客観的に眺めることができる。

なぜかよくわからないが、義母が調査官の罠にどんどんはめられていくような気がして、不安な気持ちが高まっていく。

「奥さん、つかぬことを伺いますがね、ご主人が亡くなる直前、具体的には8月14日から9月12日にかけてですが、ご主人の口座から1回当たり50万円ずつ17回、合わせて850万円を引き出されていますね。これは奥さんがなさったんですか？」

美由紀は、湯飲み茶碗を持つ手が動かなくなった。え？　50万円ずつ17回？　850万円も引き出した？　まったくの初耳である。どうしたんだろう。何があったのかしら。

義母の顔を見ると、何の反応もない無表情である。能面のような、という言葉があるが、その顔は本当にお面のように真っ白で表情がない。厚く垂れ下がったまぶたの奥の瞳は、いったい何を見ているのであろう。

春先の日射しはまだ低い。その低い角度の太陽の光が、アルミサッシの窓越しに義母の頬を照らしている。深いしわが浮き上がって見える。肌がかなりかさついていることに、美由紀は初めて気がついたような気がする。

義母は、しばしの沈黙の後、口を開いた。

「さあ、どうでしたかしらね……。主人に言われてやったような気もしますが、よく覚えていません。もう2年近くも前のことですからねぇ」

「17回もお金を下ろしているのに、覚えていないんですか」

「どうでしたかしら。17回も、って、どうしてそんなことがわかるんですか？」

※↓132ページ

それまで牧野に任せていた山下が、横から仲裁するように、会話に入った。

「奥さん、我々は職権で銀行の調査を行なってね、ご主人を始め、ご家族みなさんの預金の動きをすべて調べて、その上でお邪魔しているんですよ。※もしかしたら今は、奥さんよりも私たちのほうがお宅のお金の動きを詳しく知っているかもしれない」

そう言って、少し笑った。それがニコリなのか、ニヤリなのか、美由紀には判別がつかなかった。しかし、山下が話しながらその太い指でパラパラとめくっている分厚いファイルの中を盗み見たとき、美由紀の心臓は早鐘を打ち始め、その音が調査官に聞こえてしまうのではないかと不安になるほどであった。なんとそこには、今野美由紀という名前が書かれたページがあり、見覚えのある自分の預金口座の動きがコピーされているではないか。

相続税調査って、亡くなったお義父さんの財産のことだけを調べているわけじゃないんだ……。さっきまで自分には関係ないことと思っていたけど、急に自分が被告人になったような気分になる。

義母が突然、まくし立て始めた。

「お金を下ろしちゃいけないという法律でもあるんですか？　お友達に聞いてもテレビを見ていても、銀行の預金って人が死んだら引き出せなくなるっていうじゃないですか。お葬式やら何やらで、お金がたくさん必要になるでしょ？　だから万が一に備えて下ろしておいたほうがいいって言われて、それで主人の看病の合間に下ろしに行ったんですよ。どうしてそんな細かいことをいちいち言われなくちゃならないの？　私だって本当にたいへんだったんですから」

正江は涙目になっている。そして、さっきまで覚えていないと言っていたことを、ちゃんと説明している。真っ白だったその顔は、上気して頬に赤みが差してきた。美由紀は、義母の顔に当たる日射しが気になって、カーテンを閉めに席を立つ。

山下は、子どもをあやすような口調で正江の質問を引き受ける。

「奥さんね。私たちはね、お金を下ろしちゃいけないなんて言ってるんじゃないんです。そんなに怒らんでくださいよ。ただね、その下ろしたお金がね、ご主人が亡くなった日にどこに置いてあったのか、そのことを知りたいだけなんですよ。

奥さん、ついでにもう1つ伺いますがね。奥さんご自身も、かなりの額の預金をお持ちですよね。それはどのようにして蓄えられたものでしょう」

正江は、かなり立腹しているようである。正江と山下のやりとりが続く。

「私のお金ですか？　私のお金は私のお金ですよ。今日は主人の調査に見えたのでしょう？　そんな関係ないこと聞かないでもらいたいですけど」

「いや、そういうわけにはいかないんですよ。さっき奥さんは、ご結婚後に働いた経験はないと言われた。ご実家から相続で受け取ったものもないと言われた。ということはね、奥さんのお名前の預金ができるはずがないということになる。収入を得たこともない、誰かにお金をもらったこともない、そういう人が財産を殖やせるはず、ないもんね？　ところが現実には、我々の調査では、奥さん名義の預金は最低でも4千万円くらいあるんですよ。これってね、ご主人の財産が奥さんのほうに流れているんじゃないのかな。我々の目には、どうしてもそういう風に見えるわけです」

「あなた、失礼なこと言わないでください。私が盗んだとでも言うんですか？　私は泥棒じゃありませんよ。冗談じゃないわ、まったく！」

「まあまあ、そう腹を立てんでくださいよ。奥さんの名前の4千万円、それじゃどうやってできたんでしょうか。どうぞ奥さんのご主張を伺いますので、おっしゃってください」

「ご主張って……。私は主人と結婚して50年以上も頑張ってきたんです。ずっとずっと、主人のこととか、主人の親のこととか、子どもたちのこととか、家族みんなのために自分を犠牲にして、自分のことなんか何も贅沢をしないで、安い服を着て、粗末なものを食べて、楽しいことなんかほとんどない、そうやって生きてきたんですよ。全部、家族のため。だから主人がね、口べたな人でしたけど、そういう私に感謝してくれて、お金をくれたんです。くれたんじゃないわ、もともと私の権利ですから。そうでしょ？　妻には財産の半分をもらう権利があるんでしょ？　だから4千万円くらい私のお金があったってあたりまえじゃないですか。それともあなたたち、妻の座を認めないって言うの？　そんな馬鹿な話ってあるかしら。くやしい……」

「いや、奥さんの言っていることは正しい。すべて正しいんです。おっしゃるように、奥さんにはご主人の財産の半分の権利がある。それはそのとおり。ただね、その場合のご主人の財産っていうのはね、ご主人の名前のものも、奥さんの名前のものも、全部合わせてね、その全体について奥さんが半分の権利があるというわけ。

たとえばね奥さん、結婚生活の間にご主人名義で10、奥さん名義で8の財産ができたとしてね、奥さん名義の8はぜんぶ奥さんのもので、それとは別にご主人名義で残った10の財産の半分の5を加えた13が、それがぜんぶ奥さんのものですか？　そんなことないでしょ。ご主人名義の10に奥さん名義の8を足して、夫婦2人で一生かかって18の財産を作ったんだから、その半分の9が奥さんのもの。これが正しい考え方じゃないですか？」

「ということは、結局は、元々の8はやっぱり私のものじゃないの」

「そうですよ。そうなんですけどね、相続税の計算ではね、名義がどうであるかにかかわらず、亡くなった方に帰属する財産はすべて遺産として申告していただいて、その全体の半分については奥さんの税金を免除する、そういうしくみになっているわけです。奥さん、まむずかしい言葉だけど「配偶者の税額軽減」っていう制度、聞いたことありません？　まあ専門的なむずかしいことはここでは言いませんけれども、今回の相続税の申告では、奥さん名義の4千万円も遺産に加えて申告して、その上で税額軽減の適用を受けていただきたかったんですよ」

「だって私は、主人からそのお金をもらったんですよ。もらえば私のものでしょ？　それを主人のものに戻して相続税をかけるなんて、まるで詐欺みたいな話じゃないの」

「もらったとおっしゃるなら、何年何月何日に、いくらをもらった、と説明してください」

「覚えていませんよ、そんな細かいこと！　50年以上も一緒に暮らしてきたんですから、長い間に、何度となく、繰り返し繰り返しもらったんだわ。そんなこと、いちいち覚えているわけないでしょう、まったくもう……」

「そうですか。それじゃ、もらった年の翌年に贈与税の申告をしましたか？　してませんよね。贈与を受けたというのなら、基礎控除を超える贈与を受けた年分については、贈与税の申告をしなければなりません。

ちょっと厳しいことを言うようですが、奥さんの預金形成の記録を調べてみると、そこで使われている印鑑はほとんどがご主人のものと同じでした。預金の預け入れ申込書も、古いものの筆跡を見ると、ご主人のものと思われるやつがかなりたくさんあるんです。すなわち奥さんがご存じないところで、ご主人が勝手に奥さん名義の預金を作っていたと思われる。だって奥さんは、ご主人から毎月10万円渡されて生活を切り盛りしていたわけで、その他のことは全部ご主人任せだったんでしょう？」

「……」

ハンカチを握りしめた正江は、その問いかけには答えない。というより答えられないのであろう。また元の能面に戻ってしまい、一点を見つめたまま微動だにしないでいる。山下の目の合図にしたがって、牧野が再び質問を始める。

「奥さん、すいません。ちょっと話が変わりますけど、お宅では通帳とか印鑑とか、大切なものはどこにしまってありますか？」

「大切なもの？　大切なものは人にわからないところにしまってありますけど？」

「そりゃそうだ。あはは。でもね、申し訳ないけど、それを拝見したいんですよ」

「……。見せなくちゃいけないんですか？」

「はい。税務調査では財産の保管状況を確認させていただくことになっていますので」

「そうですか。それじゃ仕方ないわね。本当はあんまり見せたくないけど……。持ってきますから、しばらくお待ちになってください」

山下が再び口を開く。

「奥さん、たびたび申し訳ないんですけどね。その保管してある場所まで、牧野が一緒に行かせていただきますんでね。よろしくお願いしますよ」

「女の寝室に入るんですか？」

「寝室に保管されているんですか?」
「そうですよ。寝室に金庫がありますから」
「申し訳ないね、奥さん。他のところには一切手を触れませんから。その金庫の様子を確認させていただくだけですから」

正江はしばらく躊躇していたが、それじゃどうぞ、と少し投げやりに言いながら、テーブルに手をつき、ゆっくりと立ち上がった。追い詰められたネズミのようである。牧野は、レポート用紙の束を左手に抱え、右手にシャープペンシルを持ったまま、正江の後に従う。2人の足音が襖越しの廊下に段々遠ざかっていくと同時に、庭からはすずめの鳴き声がチュンチュンと聞こえてきた。居間には、山下と美由紀の2人が残されている。

居心地が悪くなって、美由紀は「お茶を入れ替えましょう」と独り言を言いながら立ち上がりかけた。すると山下が「あ、若奥さんにも伺いたいことがありますんで」と言う。美由紀はドキッとしたが、そのまま腰を下ろした。

しかし質問の内容は、親子の仲はいいのか、一郎は帰りが遅いのか、洋子やまりはどの程度の頻度で実家に遊びに来るのか、孫たちはどんな生活をしているのか、など、当たり障りのないことのように思えた。

しばらくして、正江が無表情のまま戻ってきた。さっきは少し興奮していたようだが、時間をおいたためか多少落ち着いて見える。その後ろから、牧野が左の脇にレポート用紙の束を挟み、2つ重ねになった引き出しのようなものを両手で持って、神前に供え物をするような姿勢で歩いてきた。そしてそれをうやうやしく居間のテーブルの上に置く。引き出しに見えたものは、金庫の中身のようである。

牧野が正江を諭すように「奥さん、それでは金庫の内容物を確認させていただきます」と言い、1つ目の引き出しに入っているものを丁寧にテーブルの上に広げ始めた。預金通帳が7冊。キャッシュカードが3枚。定期預金の計算書らしきものが一たば。かなり古いものらしく、複写の文字はにじみ、紙全体が黄ばんでしわくちゃになっている。柘《つげ》でできた印鑑が7～8本、輪ゴムで束ねてある。

牧野はまず最初に印鑑のたばをほどき、カバンから朱肉を取り出す。そしてレポート用紙を何枚かめくり、新しいページを開いた。何も書かれていない1枚の紙が、罫線で横に3列、縦に4行ほどに区切られている。

そして1本目の印鑑を、そのままの状態で一番左上の枠内に押印する。朱肉をつけていないのだから当然に何もつかない。今度はその印鑑にハーハーと息を吹きかけ、その右隣の枠内にもう一度押印する。呼気の水分で、うっすらと印影がついたようにも見える。そして最後に、初めて印面を朱肉につけて、右端の欄に押印する。「今野」という文字が鮮やかな朱色でプリントされた。

次の印鑑を取り出して、2段目の枠に同じ作業を繰り返していく。やはり一番左にそのままの状態で押印してみる。息を吹きかけ、その右隣に押印し、最後に朱肉をつけて一番右端の枠内に押印する。違う字体の「今野」という文字が浮かび上がった。

こうして、すべての印鑑について同じ作業を繰り返した。この間10分程度、誰もひと言も発しない。静かに、淡々と進められる作業を見つめている。先ほどのすずめはどこかに飛び去り、今度はもう少し甲高い声の鳥の鳴き声が聞こえてきた。正江は、何かを思い出したように庭に目をやっている。

美由紀はこの作業を眺めていて、なるほど、と思った。最初に何もつけずに押印するのは、印鑑の使用頻度を確認しているようである。いつも使っている印鑑なら、前回使用したときの朱肉が多少なりとも残っていて、そのままでも印影がプリントされる。しかし長い間使っていないものであれば、息をかけても何をしても、当然のことながら印影は浮かび上がらないのである。なかなか頭がいいな、と思う。

印影簿の作成が終わると、今度は通帳などのチェックである。しかしそれらの書類には、牧野はあまり興味を示さない。こちらの被害妄想かもしれないが、こんなの全部知ってるよ、とでも言いたげに見える。続いて古い定期預金の計算書のようなものの束に手を伸ばす。これにはかなり時間をかけている。何かの記憶をたどるように、1枚1枚を確認しては、レポート用紙のまた別のページに何かの数字を書き写している。

この間、山下はもう1つの引き出しの中身を見ている。しかしそちらには、日記帳のようなものと写真が数枚、それに商品券やら指輪などが数点入っている程度で、あまり問題になりそうなものはなかった。

そしてひと通りのチェックが終わった後、山下がぼそっとつぶやいた。

「奥さん、貸金庫、借りてますよな?」

正江は、体を一瞬びくっと震わせたように見えたが、顔は無表情のまま答えた。

「はい、ありますが。それが何か?」

「いえ、家の権利証とか大切なものが見当たらないので」

「ああ、権利証なら貸金庫にしまってます」

「そうですか。それなら納得です。それじゃ申し訳ないけど、午後から銀行に一緒に行ってもらえます？」

「銀行って、貸金庫を見るんですか？」

「はい。お手数ですがね、ちょっと確認したいんですよ。そんなにお時間は取らせません」


言い方は丁寧だが、有無を言わせない表情をしている。話しながら左腕を伸ばし、茶色の背広の袖の下から毛深くて太い腕を出した。その腕には、古びた銀色の腕時計が巻かれている。文字盤を見ると、11時48分を指している。

「あれ、もうこんな時間だ。いけね、そろそろ失礼しなくちゃね。もうお昼になるんで、我々は外に食事に出ます。お宅、便利のいいところにあるから、歩いても10分くらいで銀行に着きますよね。申し訳ないけど、13時に銀行の入り口のところで待っていてくれませんか」

美由紀も少し慌てた。さっき10時半だと思ったら、あっという間にお昼が近い。税務署の人にはそば屋の出前でも取ればいいだろうかと昨夜相談していたのに、調査官はもう帰り支度を始めている。

「あ、すみません。私、気がつかなくて。あの、お昼はどうしたらいいでしょうか」

「いやいや、若奥さん、ご心配には及びません。私たち、調査先でご馳走になったら手が後ろに回っちゃうんですよ。この辺は便利のいいところだから、牛丼屋にでも入って適当に済ませます。あはは。それじゃ、13時によろしくお願いしますね」

笑いながらそう言うと、山下と牧野はそそくさと居間をあとにする。美由紀は慌てて見送りに出た。調査官はもう靴を履いている。そして「それじゃ、よろしくお願いします」と明るい声を出し、後ろを振り向かずに出て行った。

あっという間の出来事であった。しかし、わずか2時間前には想像すらしなかったことが、この短い時間の中で次々に勃発したような気がする。義母と顔を合わせるのが気まずいと感じるのは何故であろうか。

玄関を閉め、重い足取りで居間に戻ってみたが、正江はさっきと同じ場所に、同じ姿勢のままでいる。いつもなら「美由紀さん、ありがとね」とか「ご苦労様でした」と明るい声をかけてくれるのに、今日はこちらに目を向けようともしない。ただじっと、思い詰めたように一点を見つめたまま、微動だにしないで座っているのである。

美由紀は、我に返ると、ものすごくのどが渇いていることに気がついた。お昼時だし、どうしようか。勇気を出して義母に話しかけてみる。

「お義母さん、たいへんでしたね。疲れたでしょう？　お昼どうしましょう」

母は我に返ったように一瞬こちらに目を向けて、そしてまた弱々しく下を向いて言った。

「美由紀さん、いろいろ心配かけたわね。私は何だか胸が一杯なので、ご飯はいいわ。30分ほど休んだら、銀行まで一緒に行ってくれる？」

そう言って、自分の部屋にとぼとぼと引き上げていった。

7．貸金庫

午後1時になった。

今日は、日射しは暖かいが、風が強い。吉祥寺の街は、JR吉祥寺駅の周囲に商店街がコンパクトにまとまっていて生活するにはとても利便性が高い。百貨店があり、大きな家電店がある。そしてその間には、お団子屋も、焼き鳥屋も、喫茶店も、居酒屋も、雑貨屋も、本屋も、薬局もある。

しかも、駅から少し歩けば井の頭公園という大きな公園がある。動物園があり、水族館があり、キャッチボールができる広場もある。住環境としては申し分がなく、吉祥寺は「住みたい街ランキング」の上位にいつも名前を連ねている。

井の頭公園の大きな池の周りには、ソメイヨシノやヤマザクラが何百本も植えられていて、お花見のシーズンには多くの人が訪れる。カップル、家族連れ、犬の散歩をする人、ジョギングする人、ボート乗りを楽しむ子どもたち。たくさんの人が駅近くの自然を満喫している。この公園以外にも、桜の名所は市内のあちらこちらにあり、3月下旬ともなると、満開の桜を待ちわびる人々で街全体がそわそわしているように感じる。

例年なら、正江も美由紀もそんな人々に紛れて、春の訪れを楽しんでいるはずである。しかし今日は、強い風が髪を乱し、おまけに空気が何ともほこりっぽい。そんなことばかりが気になる。

憂鬱な気分のまま、母と嫁は口もきかずに銀行の入り口まで歩いた。調査官の山下と牧野は、すでに入り口に待機している。牧野は、今朝と同じように大きなマスクをしていた。簡単に挨拶を交わし、4人は正江を先頭にして、そのまま貸金庫室に進んだ。

最近の貸金庫は電子化が進んでいる。入り口で正江がキャッシュカードのような形をした入室カードを差し込むと、カチャっと小さな音がして、貸金庫室の扉が開く。慣れた足取りで正江が入る。通路はそれほど広くないので、山下、牧野、美由紀の順に一列縦隊でそのあとに続く。

通路の先には、少し広い空間が待ち受けている。手前に閲覧室が3室ほどあり、その奥に貸金庫の銀色の扉がずらっと並んでいる。正江が自分の貸金庫の前に立ち、鍵を差して扉を開け、中から金属製の細長いケースを取りだした。全員無言である。そしてそのケースを閲覧室まで運んできてテーブルに載せ、ふたを開いた。狭い閲覧室で、皆が固唾を飲んでその中身を見つめる。

最初に出てきたのは、自宅の土地建物の権利証であった。かなり使い古した茶色い封筒の中に、和紙に筆文字でなにやら書かれた書類が入っている。まるで古文書のようだ。一緒に青焼きの図面も入っている。自宅を購入したときに作成された測量図のようである。牧野がひと通り目を通し、レポート用紙に簡単に記録を取った。

権利証の大きな封筒を取り除くと、その下には、小さいけれども分厚い包みがいくつも入っている。小さな声で「失礼します」と牧野が言い、その1つを取り出した。糊付けはしていない。折りたたんである封を開くと、何とそこには1万円札がぎっしり詰まっているのが見える。正江は、相変わらずの無表情である。

山下がかすれた声で正江に聞いた。

「奥さん、このお金が午前中に伺った銀行からの引き出し金ですか？」

「それも入ってます」

正江はにこりともせずに答えた。

牧野が金勘定を始める。その間に、山下がその他の内容物を確認する。大介の遺品であろうか、腕時計が1つ、ネクタイピンが1つ入っていた。また大型のメイプルリーフ金貨が数枚、オリンピックの記念硬貨や聖徳太子の図柄の古い一万円札なども何枚か出てきた。牧野が数えたところによると、現金は全部で1千100万円あった。これらすべての内容物をレポート用紙に記録し、山下はその記録を正江に見せて「間違いありませんね？」と念を押した。

そしてこう言った。

「奥さん、このお金、どうして申告してくれなかったの？　隠そうと思ったの？」

正江はしばらく黙っていたが、やがて重い口を開いた。

「隠そうと思っていたわけじゃないけど……。申告しなくてもいいと思ってました。だって……」

そう言ったきり、あとが続かない。

しばらくして、山下が最後に言った。

「奥さん、今日はこれで失礼しますが、後日、税務署にお越しいただいていろいろとお話を伺うことになると思います。そのときには、ご長男の一郎さんにも同席願いたいのですが。お仕事がお忙しいとは思いますが、申し訳ありませんけれどもね、来月の中旬までの間に都合をつけていただくようにお話ししてもらえませんかね」

1日かかると思っていた税務調査だが、午後2時には終了した。実にあっけない幕切れであった。しかし何かたいへんなことが起きてしまったようである。これがいったい、どのような結末に結びつくのか、正江にも美由紀にも見当がつかない。

しかし美由紀は、夫までもが税務署に呼び出されることに大きな不安を抱いた。早く今日の出来事を話さなくっちゃ。今日ほど夫の帰りが待ち遠しいと思ったことはなかった。

8. 税務署の応接コーナー

4月中旬のある日、正江と一郎は、約束の午前10時に武蔵野税務署を訪問した。一郎は、税務署に呼び出されたので会社を休みますとは言えず、母親が体調を崩したので病院に連れて行くという口実で有給休暇を取った。まあ似たようなものだな、と自嘲気味でもある。

税務調査のあった晩、美由紀からその日の出来事の一部始終を聞かされた。そして、相続税の申告を軽く考えていたこと、税務調査をなめてかかっていたことを悔やんだ。

いったいなぜ我が家にスポットが当たったんだろう。まさかお袋が何百万円もの預金を下ろしていたなんて、想像すらしなかったし。それが引き金になったのかな。しかし税務署はこんなちっぽけな個人の預金取引までよく調べるもんだな。そうと知っていれば、通帳なんかをもっと詳しく確認したのに……。

お袋が銀行からもらってきた残高証明書を見て、親父が死んだ日の預金残高で遺産を計算しちゃったけど、その直前にごっそり引き出していたんなら、そりゃ税務署も不思議に思うよな。あぁ、失敗したなぁ……。しかし今更くよくよ悩んでも、起きてしまったことは仕方がない。とにかく当たって砕けろ、だ。そう覚悟を決めて出掛けてきたのである。

税務署は、初めて来たが、なかなか活気のありそうな役所である。職員らしき人はみな胸から名札を下げ、忙しそうに行ったり来たりしている。通路の奥のほうはロッカーや衝立《ついたて》があってよく見えないが、かなりの数の机が並んでおり、みな机の上で電卓をたたいたり書き物をしたり、パソコンの画面を睨んだりしている。若い人がかなりいる。女性も意外に多い。なんだか面白そうな職場に見えてきた。

案内されたのは、応接コーナーのようなところである。4人掛けのテーブルがいくつか並んでおり、それぞれがブルーのパーティションで仕切られている。コートを脱いで、正江を奥に座らせ、一郎はその隣に座ってしばらく待っていると、奥のほうから大柄な男性が片手に書類を携えてやってくるのが見える。その後ろには、小柄な部下らしき男もついてくる。ああ、あの2人がうちに来た調査官だな。一郎は、美由紀の話からすぐにわかった。

大柄な男性が、ニコニコしながら一郎に話しかける。

「あ、今野一郎さんですか。いや今日はお忙しいところお呼び立てしまして、誠に申し訳ありません。私、武蔵野税務署の資産税調査官、山下と申します。先日はお宅にお邪魔しまして、たいへん失礼致しました。あ、お母さん、この前はごめんなさいね、あの日は疲れたでしょう」

ずいぶん愛想がいい。

「はい。長男の今野一郎です。何か母親がバカなことをしたみたいで、誠に申し訳ありません。今回の申告は私が全責任を負ってやっていますので、あの、責任は私が取りますので、本当にすみません……」

一郎はとりあえず下手に出て、調査官の顔色をうかがう。正江も下を向いたまま、申し訳なさそうに何度も頭を下げている。

「まあまあ、そんなことをおっしゃらずに。それじゃね、私どもが今回の調査で確認したことを順番にご説明しますんで、一郎さん、一緒に聞いてください。それでね、何かわからないこととか不審に思うことがあったらね、どうぞ遠慮なく言ってくださいよ」

山下はなかなかの紳士である。威張るわけでも恫喝するわけでもなく、常に笑顔で相手の心を解きほぐそうとしている。こんな人がうちの職場にいてくれたら、商売ももっと繁盛するかもしれないな……。美由紀ではないが、一郎もだんだん相手がいい人に思えて少し気持ちが楽になってきた。

しかしその後の説明を聞いた途端、そんな気持ちはあっという間に吹き飛んでしまった。やり場のない怒りと落胆と焦燥感が一郎の心を交互に襲い、血液が逆流する思いである。

若いほうの税務署員の牧野が、簡単な挨拶を済ませたあと、次のような紙を一郎に向けて差し出した。


「それでは順番にご説明します。まず1番目ですが、ご自宅の敷地の今野大介様の持分のうち、10分の1を二女のまりさんが取得されています。そしてこの土地の全体について小規模宅地の特例の適用をして申告していただいていますが、結論から言うと、まりさんの取得した部分にはその適用がありません。

というのはこの特例は、亡くなった方の住まいの敷地をその配偶者が取得した場合、あるいは同居していた親族が取得し、かつ、その家に居住を継続する場合に認められるもの

［税務調査結果］

1. 小規模宅地適用誤り

185,000,000円×1/10×80％＝**14,800,000円**

2. 申告漏れ現金

11,000,000円

（みずの銀行吉祥寺支店貸金庫内に所在）

3. 申告漏れ名義預金

今野正江様名義	**45,000,000円**
今野一郎様名義	**3,000,000円**
今野　遙様名義	**2,000,000円**
今野宏行様名義	**2,000,000円**

4. 生前贈与財産加算漏れ

今野正江様贈与分	**1,100,000円**
今野一郎様贈与分	**1,100,000円**

5. 申告漏れ財産合計

1～4合計　**80,000,000円**

です。残念ながら、まりさんは近くのマンションに1人住まいをなさっており、同居とは認められません。同居していなくてもこの特例が認められるケースもあるのですが、それは親が1人暮らしをしているような場合に限られておりまして、お宅様の場合には適用がないんですね」

そ、そんなバカな。一郎はいきなり頭を殴られたような思いである。

「え、同居していないと適用にならないんですか？　知らなかったなあ。で、でもですね、まりはしょっちゅう実家に来ていて、同居しているようなもんですけどね」

山下が口を挟む。

「先日お宅にお伺いしたときにね、ご家族のみなさんのいろんな状況をお伺いしたんですよ。そうしたらね、洋子さんは半年に1度くらい、まりさんは月に2回くらい遊びに見えるというお話だったんでね。それじゃ同居とは言えんでしょ？　何ならまりさんにお越しいただいてお話を伺ってもいいんですがね」

一郎は唾を飲み込む。反論の余地なし、という感じだ。

牧野の説明は続く。

「説明を続けさせていただきます。2番目の申告漏れ現金ですが、調査当日、銀行の貸金庫に同行させていただきました。そして内容物を確認したところ、中に現金1千100万円がありました。これは我々の調査によりますと、その大部分が相続開始直前に被相続人の普通預金口座から引き出されたものと思われます。そのほかにもこまごまとしたものがありましたが、まあそれらは家庭用財産※とみなすとして、この現金については申告漏れ財産と認定いたします。かつ、正江さんはこの財産の存在を承知の上で、あえて申告財産に計上しなかった。そのことは当日の聞き取りで確認しております。すなわちこれは財産の仮装隠蔽行為に当たりますので、重加算税の対象になります」

「はあ、そうですか……」

「続きまして、ご親族の名義預金です。正江さん名義の預金ですが、正江さんはご実家から相続された財産がなく、またご自身の勤労などにより蓄えられた資産もないとのお話でした。したがってそのすべてが、大介さんの収入や財産から形成されたものと思われます。

※家庭用財産…家庭にある一般動産。たとえば家具、自動車、貴金属や骨董品などが当てはまる。

明細は別にありますが、複数の金融機関の、相続開始当日の残高を合計すると、全部で4千500万円となります。

続いて今野一郎さん名義の預金ですが、ゆうちょ銀行の定額貯金に一郎さん名義で300万円の残高があるようですが、これは一郎さんご自身で蓄えられたものですか？」

え？　俺の預金？　まだそんな話もあったのかよ……。

「定額貯金、ですか……？　そりゃ私の名前の貯金ですから、私のものでしょう。私だっていい歳だ、そのくらいの貯金があったっておかしくはないでしょう？　どういうことですか？」

また山下が引き受ける。

「漠然とね、おかしいか、おかしくないかと言われればね、そりゃおかしくないですよ。一郎さんの年収は我々も承知してますから。当然にね、300万円くらいの貯金はすぐに貯まるでしょう。そんな失礼なことを言ってるわけじゃありません。ただ問題はね、そういうイメージの世界の話じゃなくてね、その貯金がいつ、どうやってできたのか、ということなんですよ。郵便局の定額貯金は10年で満期になるから、その満期のたびに書き換えておられるようです。

正直、古いことはよくわからんのですが、ご自宅のお母さんの金庫に定額貯金の書き換えの書類の古いのなんかが入ってましてね。それを見ると筆跡は全部お父さんなんだよね。そのときに使われた印鑑も、お母さんが保管してた。ということはこの預金、要するにお父さんがあなたの名前を使って作ったものなんじゃないの？」

さっきまでニコニコして低姿勢だった山下の目が、今は刺すように光っている。心なしか言葉遣いもぞんざいになってきたように感じる。

一郎は、反論する言葉を思いつかない。なぜなら、山下の言っていることはすべて事実ありのままだからである。相手を睨みつけようかと思ったが、逆に睨み返されたらどうしようと思うと、顔を上げることができなくなってきた。

牧野が説明を続ける。

「お孫さんの今野遙さん、今野宏行さんの名義でも、それぞれ200万円ずつの定額貯金があ

ります が、これらも同様に被相続人に帰属する相続財産ではないかと我々は考えています。それとですね、大介さんが亡くなる年の2年前に、正江さんと一郎さんご夫妻はお父さんからそれぞれ110万円ずつの贈与を受けておられませんか？　同じ銀行の同一支店内で、お父さんの口座から皆さんの口座に110万円ずつの振り込みがされていることがわかっているんですが」

一郎の脳裏に、そのときの出来事が瞬時にフラッシュバックした。自分たちの結婚20周年に家族みんなでハワイ旅行をしようという計画が持ち上がったが、大介の体調があまりよくなかったため、結局その話は立ち消えになったのである。そして日頃はお金に厳しい父が、珍しく相好を崩してみんなにお祝い金をくれると言い、110万円ずつを振り込んでくれたのであった。

でも確かそのときには、親父は110万円までなら贈与税はかからないから大丈夫、と言っていたはずだが……。

「ああ、確かにもらいましたよ。結婚20周年のお祝いだと言ってね。でも贈与税はかからないはずですよね。何か問題でもあるんですか？」

牧野の解答は、一郎が想像もしないものだった。

「贈与税はかかりません。それはその通りです。ですが、亡くなる前3年以内に行なわれた贈与については、その贈与された財産を遺産に加算しなければならないんです。これは『生前贈与加算』※と言いまして、付け焼き刃の相続税対策を防止するための措置で、相続税法に規定されているんですよ」

※生前贈与加算→182ページ

しばらく沈黙が続く。

一郎はもう、ぐうの音も出なかった。申告漏れ財産が8千万円？　なんだよそりゃあ。そんな金、ほんとにあるのかよ。いったいいくら追徴されるんだよ？　冗談じゃねえよ、まったく……。反論しようにも、税務署員の言っていることはほとんど理屈が通っているみたいだし、隅から隅まで調べが済んでいるようで、何か余計なことを言ったら被害はますます大きくなりそうだ。

それにしても相続税って、なんでこんなにむずかしいんだろう？　親が死んだら、残った財産を全部足し算して、それで申告すればいいんじゃないのかよ。生前贈与加算だの、小規模宅地の特例は居住継続しなければ受けられませんだの、そんなむずかしいことを並べられたって、素人の俺なんかにすらすら理解できるわけないじゃないか……。
愚痴の1つも言いたくなる。

「税務署って、なんでうちみたいなちっぽけなところをいじめるんですかね？　新聞やテレビを見てると、毎日のように巨額脱税事件とか報道されてるじゃないですか。もっと大きいところから取ってくださいよ。ね？　政治家だって、みんないいかげんなことしやがって。払った税金が正しく使われるならいいけど、無駄遣いも随分あるっていうじゃないですか。冗談じゃないよまったく。うちの親父は一生かかってまじめに働いて、そうやってコツコツと財産を残してきたんですよ。戦争中は、食うや食わずで凄く苦労したって何回も聞かされたし。それでもそんなに大したことはない、ほんのちょっとの庶民の財産じゃないですか。その少しの財産で、お袋はこれから生きていかなきゃならないんだ。可哀想でしょ。え？　勘弁してやってくださいよ」

もうこうなると、自分でも何を言っているのかわからなくなる。誰も止める人はなく、母親は隣で下を向いたまま、ハンカチで涙を拭いているだけ。愚痴を言っているのか、文句を言っているのか、哀願しているのか、そんな訳のわからないことをしゃべり続ける自分がだんだん惨めになってきた。

しばらくしゃべったが、山下も牧野も、適当な相づちを打つだけでまともに取り合ってくれない。一郎の話がひと段落ついたところで、牧野が少しいらだち気味に言った。

「今野さん、我々は公務員として、国が定めた法律を正しく運用するのが仕事です。政治がどうの、大企業がどうのとおっしゃられても、我々ではどうにもなりません。あまり無理なことをおっしゃると話がややこしくなるだけですから、どうかそのくらいで収めてください。それでは最後に、税金のお話をさせていただきます」

こういうと、牧野はもう1枚のペーパーを一郎の前に置いた（102ページ参照）。

「ご自身でも一度申告書を作成しておられますので、税額の計算のプロセスはある程度おわかりと思いますが、結論としては約1千120万円ほどの相続税額を追加で納めていただくことになります。ただし本日ご指摘した修正申告財産については、特に現金の1千100万円など、どなたが相続するかが決まっておりません。当初作成された遺産分割協議書に記載されているのは、大介様名義の財産のみだからです。

したがいまして、ご家族のみなさんでよくお話し合いいただき、追加計上財産についてどなたがどのように相続なさるのかを決めてください。そして追加財産に関する遺産分割協議書を作成し、修正申告書にそのコピーを添付していただきます。追加税額は、前回の申告と同様に、それぞれ財産を取得される方に比例的に配分されます。

なお申告後に、先ほど申し上げた重加算税とそれ以外の部分については過少申告加算税、それから本来の納期限から実際に納税されるまでの日数に応じた延滞税がかかります。これについては後日、税務署から通知書が届きますので、それにしたがって納めてください」


山下と牧野の説明は、これですべて終わった。約1時間ほどの面談であった。先ほどまでは真空状態の中にいるように感じていたが、気がつけば税務署の応接コーナーは元のままの雑踏の中にある。人が行き交い、あちこちで電話の着信音が鳴り、近くの応接コーナーからは税務署員と納税者が我が家と似たような雰囲気でヒソヒソと話し合っている声が聞こえてくる。遠くのほうでは、職員が納税者に電話を掛けているようだ。またあ

〔修正申告税額明細〕

1. 当初申告財産
190,000,000円

2. 修正加算財産
80,000,000円

3. 修正後遺産総額
1＋2＝**270,000,000円**

4. 基礎控除額
90,000,000円

5. 課税対象額
3－4＝**180,000,000円**

6. 算出税額
①妻　180,000,000円×1／2＝90,000,000円
90,000,000円×30％－700万円
＝**20,000,000円**
②子ども　180,000,000円×1／2×1／3
＝**30,000,000円**
30,000,000円×15％－50万円　＝**4,000,000円**
③税額合計　①＋②×3人　＝**32,000,000円**

7. 配偶者の税額軽減
29,524,700円×160,000,000円／
（270,000,000円－11,000,000円）　＝**18,239,196円**

この金額の算出法については、112ページの「5.」を参照してください。

8. 申告納税額
6－7＝**13,760,800円**

9. 当初納税額
2,561,700円

56ページ参照

10. 修正申告増差税額
8－9＝**11,199,100円**

やって、どこかの家に調査の通知をしているのかな。そんなことを思いながら、一郎は席を立った。

正江は、最初から最後まで無言であった。最後に山下から挨拶をされても、軽く会釈はしたが、その目は山下の顔を憎々しげに睨みつけている。一郎も同じ気持ちではある。でも彼らを憎んだって仕方ないじゃないか、母さん。悪いのはこっちなんだから。心の中でそんなことをつぶやきながら、母を誘導し、税務署の玄関の階段を一歩ずつ下りた。

今日は風もなく、とてものどかな日だ。どこからともなく甘い花の香りが漂ってくる。近くの小学校からは、体育の授業なのか、子どもたちの元気な声が校庭にこだましているのが聞こえる。目の前を白い蝶々がふわふわと飛んでいる。そんな春らしい平日の昼前に、2人の親子は会話を交わすこともなく、とぼとぼと家路につくのであった。

9. 最後の家族会議

その日の午後、一郎は洋子とまりの携帯電話にメールを送った。税務署に行ってきたので、その説明をしたいから今度の土曜日に集まってくれという内容である。2人からは、すぐにYESの返事がきた。

週末までの数日間、正江と一郎、そして美由紀は、税務署に言われたことを整理し、わからないことは一郎が税務署に電話を掛けて確認した。美由紀は、必要な書類を税務署にもらいに行ったり、追加で提出する書類の原案をパソコンで準備したりした。そして土曜日の午後、家族全員がまた実家の食卓を囲むことになった。

いつものように、議長は一郎である。

「参ったよ、本当に。こんなことになるなんてさ、夢にも思わなかったよ。説明したように、結論としては追加の相続税が約1千万円、それに重加算税や過少申告加算税、延滞税も合わせると、さらに500万円くらい取られるらしい」

洋子が目を丸くして言う。

「すごいわね。税務署って何でもわかっちゃうんだ。うちの家族の貯金とか、すべてお見通しってこと？　そこまで調べられたら、もうどうしようもないじゃない。命まで取られるわけじゃないんだからさ、払うものは早く払って、もうこんな嫌なことさっさと忘れちゃいましょうよ」

まりは、自分が主張したことが新しい税負担につながったことを気にしつつも、やはり不満な様子である。

「あのとき、お兄ちゃんが私の土地の分の税金は30万円にもならないって言ったから、私は持分を入れてもらったのに。なんでこんなことになっちゃうわけ？　どうしてもっとしっかり調べてくれなかったんだろ」

一郎はカチンときた。

「お前、何だよ、その言い方は。もう一度言ってみろ。俺だって美由紀だって、みんなのために一生懸命やってきたんじゃないか。お前は自分のことを主張するだけ主張して、申告のときは何にも手伝わなかっただろ？　結果だけ見て文句言ってんじゃないよ」

まりも負けていない。

「そんなこと言ったって、私にはお兄ちゃんたちがどのくらい知識があるのかなんて、全然わからないのよ。自分でできるって言うから、ちゃんと取り分も積み増しして、お願いしたんじゃないの。100万円、余計にもらったんでしょ？　それが何よ、素人もいいところじゃない、こんなみっともない結果になって。お父さんが聞いたらカンカンに怒るわよ」

「てめー」

一郎は憤怒の形相で立ち上がった。殴りかからんばかりの勢いである。

洋子が仲裁に入る。

「ちょっと、2人ともやめてよ。いい大人がこんなことでケンカしてどうするの？　とにかくさあ、お兄ちゃん。誰がいくらずつ税金を払えばいいのか説明してちょうだい」

息づかいが荒くなった一郎は、少しの間、まりを睨んでいたが、また冷静さを取り戻して次のように説明した。

「問題はだな、修正申告しなきゃならない財産を誰がいくらずつ相続したことにするか、なんだよ。土地の評価が変わるのは仕方ないとして、貸金庫に入ってた1千100万、母さん名義の4千500万、俺名義の300万、それに遙と宏行の200万ずつ。これをどう分割するか、ということだな。俺の考えでは、というか税務署に相談した結果としてはだな、すべてお母さんが相続したことにして計算する。そうするのが一番面倒がないと思うんだ。それで弾いてみたのが、これなんだけど」

そう言って、一郎は111ページ以下のようなメモ書きをみんなに見せた。

これを見た洋子の顔が曇った。

「お兄ちゃん。なんで私の税金が増えてるの？（113ページ8．の③参照）おかしいじゃない。調査があっても、私がもらう財産は何も増えていないわよ。お兄ちゃんは生前贈与を受けてたり、まりは土地の評価額が上がったりして、財産が増えたんでしょ？　だったら税金が増えるのは仕方ないけど、私は追加で何かをもらったわけじゃないのよ。それなのに私の税金が増えてるってどういうことよ。冗談じゃない、あり得ないわ。また、何か計算違いしてるんじゃないの？」

今度は一郎と洋子の対立である。

「『また』とは何だよ、『また』とは。何も知らないくせに、偉そうなこと言うんじゃないよ。いいか？　最初の申告のときに比べて、遺産の総額が増えたんだよ。遺産の総額が増えたということは、一家全体にかかる相続税の総額も増えるということだろ？　そうしたら、その税金を相続人に比例配分すると、全員に影響が及ぶんだよ。だから追加でもらう財産がなくても、洋子にも追徴税額が発生するということさ」

洋子は納得しない。

「お兄ちゃんの言ってること、全然わからないわ。何言ってるの？　繰り返しますけどね、税務署の調査が入ったって、私がもらった財産は何も変わっていませんからね。だから私にかかる税金はないはず。お父さんから相続でもらったお金は、もう全部子どもたちの学校やら何やらに払っちゃって、1円も残っていないのよ。もし追加でかかるっていうんだったら、それは今野家で負担してちょうだい。私には絶対払えませんから」

黙って聞いていた正江が、貧血気味の青白い顔を歪めて、うめくように言った。

「もうみんな、お願いだからやめてちょうだい。税金は私が払いますから。税務署が来たのも、私がバカなことをしたことが原因でしょ？　すべて、悪いのは私です。だからこの責任はお母さんが取って、あなたたちに迷惑はかけないから。だからお願いだからそうやって兄妹でケンカするのはやめてちょうだい。あんなに仲がよかった我が家がこんなことになるなんて、私はお父さんに合わせる顔がないじゃないのよ」

そう言って正江は、それまで我慢していたものが一度に溢れ出すように、号泣した。涙が頬を伝い、地味な色のスカートの上にぽたぽたと落ちる。一郎も、洋子も、まりも、みな押し黙って下を向いている。美由紀も、奥の台所で涙を拭いている。

大介が亡くなったあと、遺産の分割から相続税の申告に至るまで、たいへんな出来事はたくさんあった。しかしみんな仲良く、力を合わせて、お互いに譲り合って、この難局を乗り越えてきたはずだ。今野家の家族は優しくて思いやりがあって、素晴らしいメンバーだと誰もが思ってきた。しかしこんなことになってしまって、もう元には戻れないのだろうか。全員の心の中に、重苦しい雨雲が垂れ込めている。

夕食の時間になるのに、席を立とうとする者はいない。テレビからは、明日の天気について語る若い女性アナウンサーの朗らかな声が聞こえてくる。しかしその声は、家族の誰の耳にも届かないのであった。

修正申告で納める税金

1.最初に申告した財産
①お母さん　155,300,000円　②一郎　11,000,000円
③洋子　10,000,000円　④まり　13,700,000円
合計190,000,000円

2.修正申告する財産
①土地の評価修正　14,800,000円（まり）
②貸金庫の現金　11,000,000円（お母さん、隠ぺい財産と認定）
③預金　52,000,000円（お母さん）
④生前贈与　1,100,000円（お母さん）
1,100,000円（一郎）合計 80,000,000円

3.1と2の合計
①お母さん　155,300,000円＋11,000,000円＋52,000,000円
＋1,100,000円＝219,400,000円
②一郎　11,000,000円＋1,100,000円＝12,100,000円
③洋子　10,000,000円
④まり　13,700,000円＋14,800,000円＝28,500,000円
合計270,000,000円

4.正しい相続税の総額
270,000,000円－90,000,000円（基礎控除）＝180,000,000円
①妻分　180,000,000円×1／2＝90,000,000円
90,000,000円×30％－700万円＝20,000,000円
②子ども分　180,000,000円×1／2×1／3＝30,000,000円
30,000,000円×15％－50万円＝4,000,000円
③税額合計　①＋②×3人＝32,000,000円

5. 配偶者の税額軽減

①隠ぺい財産を除外した課税対象額

270,000,000円-11,000,000円-90,000,000円(基礎控除)

=169,000,000円

② ①に対する相続税額

(ア)妻分　169,000,000円×1／2=84,500,000円

84,500,000円×30%-700万=18,350,000円

(イ)子ども分　169,000,000円×1／2×1／3=28,166,000円

28,166,000円×15%-50万円=3,724,900円

(ウ)税額合計　(ア)+(イ)×3人=29,524,700円

③ 軽減額

29,524,700円×160,000,000円／

(270,000,000円-11,000,000円)=18,239,196円

6. 各人が負担する税額

①お母さん　32,000,000円×219,400,000円／

270,000,000円(81.3%)＝26,016,000円

26,016,000円－18,239,196円(配偶者の税額軽減)

＝7,776,800円

②一郎　32,000,000円×12,100,000円／270,000,000円

(4.5%)＝1,440,000円

③洋子　32,000,000円×10,000,000円／270,000,000円

(3.7%)＝1,184,000円

④まり　32,000,000円×28,500,000円／270,000,000円

(10.5%)＝3,360,000円

合計13,760,800円

7. 当初申告で納めた税額

①お母さん	0円
②一郎	811,900円
③洋子	741,900円
④まり	1,007,900円

合計2,561,700円

8. 修正申告で納める税額

①お母さん	7,776,800円－0円＝7,776,800円
②一郎	1,440,000円－ 811,900円＝ 628,100円
③洋子	1,184,000円－ 741,900円＝ 442,100円
④まり	3,360,000円－1,007,900円＝2,352,100円

合計11,199,100円

第2部

本当の相続税対策

1 まず押さえておくべきこと

巻末の付録に示したように、平成25年度の税制改正で、相続税の基礎控除額が引き下げられることが決まりました。今まで「5千万円＋1千万円×法定相続人の数」だった控除額が、平成27年1月1日以後に発生する相続から「3千万円＋600万円×法定相続人の数」へと40％も縮小されることになったのです。

たとえば夫が亡くなり、その財産を妻と子ども2人が相続するとした場合、従来は遺産額が8千万円（5千万円＋1千万円×3人）以下であれば相続税が課税されることはありませんし、したがって税務署への申告も不要でした。しかし改正後は、この控除額が4千800万円（3千万円＋600万円×3人）になります。**大雑把に言うなら、4人家族の大黒柱が亡くなったとき、不動産や預金などの財産の合計額が5千万円程度あると相続税の問題が発生する、ということです。**

課税ベースが拡大されたことで、新たに相続税の納税額が生じる人や、各種特例の適用によって納税額が生じないとしてもその特例適用のために相続税の申告をしなければならなくなる人が、大幅に増えるものと予測されています。

このような背景の下、資産家層には相続税に対する危機感が強まり、またいわゆる庶民レベルの人たちの間でも、「我が家にも多額の相続税がかかってしまうのではないか」という不安感が広がりつつあるようです。雑誌には相続税に関する特集記事が繰り返し掲載され、相続税対策を指導する勉強会や講演会などの開催も相次いでいます。書店のビジネス書コーナーには、相続税関連の新刊書が山のように積まれています。

国民が税に関心を持つことはたいへん結構なことであり、さまざまな媒体がそれを支援するのは社会にとってとても大切なことです。相続税の課税のしくみをより多くの国民が理解することは、我が国の租税制度の発展に大きな一助となることでしょう。しかし残念ながら、最近の「相続税ブーム」には明らかに欠けているものがある、と私は感じています。それは、ひと言で言えば「相続税制全体の理解」です。

相続税の「節税策」は実現可能性が低い

基礎控除が下がるからたいへんだ、と危機感を煽るだけでは問題の解決にはなりません。

でも、「こんな手を使えば相続税が安くなりますよ」と節税プランをずらずら並べられても、私の知る限り、そのような対策を実行に移す人は少数派です。多くの人が「うーん」と唸って腕組みをしたまま、1歩を踏み出せずに現状にとどまっているのです。なぜなら相続税対策には大きな不安がつきまとうからです。

節税効果の高い対策ほど、アイデアは奇抜です。たとえばかつて、親族を片っ端から養子にする、というプランが横行したことがありました。235ページの算式を見ればわかるとおり、法定相続人が1人増えると相続税の基礎控除額は1千万円（改正後は600万円）ずつ増加します。このしくみに着目して、孫を次々に養子に迎えて節税を図る人が現れたのだそうです。

この節税策は、現在は法改正によって封じ込められていますが、それにしても節税のためとはいえ、多くの人にとっては、家系図にまで手をつけるにはそれなりの勇気が必要でしょう。そんなことをしたら、その先にどんなことが起きるのかわからない。そういう不安感が、多くの人々を躊躇させているのだろうと思います。

また、少し誤解を招く言い方になるかもしれませんが、私自身の実務経験を通じての実感としては、相続税の分野における「節税策」の実現可能性はかなり低い、と言わざるを得ません。

もちろん、元気なうちに長年連れ添った妻に自宅の持分を贈与しておく（贈与税の配偶者控除）とか、子どもや孫に毎年110万円以内での贈与を繰り返す（贈与税の基礎控除）、などというのはとても有効な対策です。財産を親族に分散させれば、それだけ相続発生時の課税対象財産が減少することになりますし、しかもこれらの対策はすべて自分が元気なうちに実行し、完結させることができるプランだからです。住宅や現金を贈与しても、その後の日常生活にマイナスの変化が生じることもありません。

ところが、たとえば「貸家を建築すれば不動産の評価額が下がる」という点に着目してアパート経営を始めたとしても、自分のあとを引き継ぐ妻子にその事業を継続するだけの才覚があるとは限りません。借入金で建物を建築したら、空室率が高まった場合には資金繰りに行き詰まる危険性が生じます。質の悪い入居者との間にトラブルが生じて心を病むようなことにでもなったら、悔やんでも悔やみきれないでしょう。

また、子どもや孫の名前でこつこつと預金をしている人は多いと思いますが、相続税の調査でそのことが問題になったとき、「そんな預金があるなんて知らなかった」と子どもたちがひと言いったら、その一瞬でそれまでの苦労は水の泡と消えてしまいます。この点については後ほど詳しく説明しますが、贈与は契約なので、財産の名義変更をしても相手方が知らなかったのなら贈与とは言えないからです。

亡くなる間際になって、「あれはこういうつもりだったから、税務署が来たらこう言うんだぞ」などと指図しても、そんなフィクションが家族の記憶にとどまることを期待するのはまず無理でしょう。昨日の夕飯に食べたものさえ思い出せないのに、何年も経ってから事実と異なる説明をするなんてまず不可能だからです。

プランを立てたリーダーはもうこの世にいない

このように相続税対策というのは、プランを立てたリーダーがこの世を去ったあとにその結果を問われるという、実にむずかしい側面を有しています。

所得税にしても法人税にしても、ある行為の是非を問われるのはプランを立案して実行した人自身です。自分がやったことに関して、自分が説明を求められるのですから、話は完結しているわけです。自ら立てた計画や思いは、自分自身で見届けることができる。第三者から批判されれば、正々堂々と反論することができる。しかし相続では、配偶者や子どもが対策を主導する場合を除き、プランを立てた人はすでにこの世にありません。それぞれの家庭の事情にもよりますが、たとえば財産管理をすべて行なっていた夫が突然亡くなったときなどは、何がどこにあるのかまったくわからず金庫の鍵すら開かなくて途方に暮れる、というケースもあるようです。

また、家族間で一定のコミュニケーションが図られている家庭であっても、こと財産問題に限ってはなかなか切り出しづらい、というのが実情でしょう。子どもの立場から「お父さん、貯金いくら持ってるの？」とは聞きにくいし、親としても「俺の預金は1億円だ」などとは普通は言わないものです。**すなわちお金の問題に関しては、仲のいい家族といえども情報共有できていないのが一般的なのです。**

このような次第ですから、自分の死後に親族が遺産相続に関してどのような反応を示し、どのような行動に出るか、を事前に予測し、コントロールすることは至難の業です。まして自分が立案した「ある計画」を次の世代に引き継がせ、税務署のチェックを無事にくぐり抜けさせる、などという壮大なプロジェクトは、そのほとんどが頓挫すると思っておいて間違いありません。

税務調査という「洗礼」

さらに忘れてはならないのは、「相続税の申告には税務調査がつきものである」ということです。これも私の実務を通じての実感ですが、税務署は申告書として提出される案件を、実に緻密に調べています。「この申告は調査が入るかもしれない」と思うケースでは、ほとんどの場合において訪問調査（相続人の家庭を訪問する税務調査を本書ではこう呼ぶことにします）が行なわれています。ところが相続税の訪問調査を実際に経験している専門家は、実はそれほど多くありません。

改正前のデータですが、相続税が課税される人の割合は全死亡者の4％程度、つまり100人亡くなっても相続税がかかるのはわずか4人程度しかいません。案件の数自体が圧倒的に少ないですし、申告書が提出された案件のうち実際に税務署員が相続人の家にやってくる訪問調査の割合は、そのうちのせいぜい4割程度です。すなわち我々専門家といえども、相続税の申告や税務調査の立ち会い業務に携わった経験がある人はそれほど多くないというのが実態です。**ですからたとえプロの勧める節税策であっても、それが実体験に基づくものであるかどうか疑わしいこともありますし、税務調査の洗礼を受けたことがない机上の思いつきの対策である可能性も否定できません。**

また世間には、驚くような「迷信」を信じている人が結構いるようです。「お父さんが死にそうになったら銀行の預金はみんな引き出しちゃいなさいよ。そうすれば相続税はかからないから」。こんなことを言われれば、悪意はなくても、ついその気になってしまうのが人情というものでしょう。第一部の物語でも取り上げましたが、税務署は、亡くなった人とその親族の預金の動きはほぼ完璧に把握しています。ですからそんな小手先の「対策」など簡単に見破られてしまうのですが、何分にも経験がないことですから、つい信じてしまうのも仕方がないことかもしれません。

いずれにしても、相続税が高くなるから節税対策を考えなきゃ、という図式だけで安易な策を講じると、最後に大きな後悔をすることにもなりかねません。相続という一連の手続きは、税金の側面で言えば、遺産分割協議を行ない、相続税の申告を行なって、最後に税務調査を受ける、というプロセスを経て初めて完結するものです。入り口の手前の段階で、最後の税務調査のことなど考えもせずに、あたかもパズルを解くようなゲーム感覚で「節税策」に走ったら、常識を逸脱した我田引水的な結末にたどり着いてしまうかもしれません。第1部の今野家の人々の怒り、焦燥、そして後悔を思い出してください。税務署員が家に来てから「あんなことしなきゃよかった」と悔やんでみても、さかのぼって過去の事実を訂正することはできないのです。

相続税の課税は、ある人の「一生」という事業活動の「結果」に対して行なわれるものであり、事業活動そのものに対して税金がかかるのではありません。したがって無理な節税をして結果をねじ曲げるとしたら、それは事業活動そのものをねじ曲げることになってしまいます。くれぐれも節税という甘いささやきに誘惑され、安易な「対策」で後悔することのないようにご注意ください。遺産分割、税務申告そして税務調査という全体の流れをしっかりイメージし、このプランはいつか税務署の目に触れるかもしれない、という意識を常に持って行動することが大切です。

2 相続税実務上の問題点

第1部の物語をお読みいただいて、あなたはどんな感想を持たれたでしょう。もちろんこの物語はすべてフィクションですから、登場する今野家が東京の吉祥寺に実在するわけではありません。ただし、その素材となったのは過去の相続税実務において私自身が実体験した幾多の場面です。

私の税理士事務所は、相続税を専門として組織的な活動をしているわけではありません。したがって資産税業務に特化した大手税理士法人のような実績があるわけではありませんが、それでも個人事務所としては相続税の取り扱い案件数は多いほうだろうと思います。

このため必然的に税務調査の立ち会いも回数を重ね、調査の現場では実にさまざまなことを経験してきました。税務署員が自宅にやってきたときの家族の緊張した面持ち、職員との間で交わされる会話の数々、銀行の貸金庫の中身を改める瞬間など、今でも忘れられないシーンが数多く脳裏に浮かんできます。第1部の物語は、いわば、日本中の家庭で繰り返されているであろうこのような相続税調査の光景の中から、どの家庭にも共通して起こりうるエッセンスを抽出して形にしたものです。

言うまでもなくそれぞれの家にはそれぞれの事情があり、家族構成も異なりますから、1つとして同じ状況はありません。税務調査では、登場人物は毎回変わりますし問題とされる項目もその都度異なります。しかし調査の立ち会いを繰り返していくうちに、私は「あれ？　このシーンどこかで見た記憶があるな」と感じる、いわゆる既視体験のようなことを何度か経験するようになりました。

それは当然と言えば当然で、税務調査の手続きは、課税の公平を維持するために相手が誰であっても基本的に同じやり方で進められるからです。どの家庭に来ても、調査官からは故人の経歴や親族の状況、財産の保管状態や家計の主宰者の確認など、同じような質問が発せられます。そしてパターンの違いはあっても、それに対する親族の回答にもある種の共通性が存在するわけです。

そんな中でとくに印象的なのは、税務調査終了後に相続人のみなさんの表情から読み取れる「相続ってこういうことだったんだ」「こうなることが最初からわかっていれば、もっと違うやり方を選んだのに」という後悔と自責の感覚です。当然のことながら、相続税申告の依頼を受ける最初の時点で、私もさまざまな注意事項をお伝えします。今野家のような結末を迎えることのないように、注意喚起を促すわけです。

そしてほとんどの点についてはご理解をいただけるのですが、しかしただ1点、親族名義の預金に関する問題については強い抵抗を受けることが少なくありません。**故人名義以外の、すでに配偶者や子どもの名前になっている財産まで申告の対象にする必要はないだろう、と誰もが考えるからです。しかしトラブルの種の多くは、実はここに潜んでいるのです。**

税務調査で問題とされる典型的な5つの項目

第1部の物語の中で、登場人物の今野正江が自分名義の預金の問題について税務署員に食ってかかるシーンがあります（70ページ～）。税務署員に向かってまくし立てる正江のこれらの言葉は、実は過去に依頼者から私自身が何度も浴びせられたのと同種のものです。もちろん私は税務署員ではありませんからそれほどキツい言い方をされるわけではありませんが、しかし相続人の発する「私名義の預金は私のものだ」「なんでそれを申告しなくちゃいけないのか」「妻の座、妻の権利は認められないのか」という怒りや主張を受け止め、その疑問を解くのは容易なことではありません。

この「名義預金」の問題以外にも、相続税調査の際に必ずといっていいほど俎上に載せられるテーマがいくつかあります。第1部では、それらの問題点をちりばめて物語を構成しましたが、以下ではその一つひとつについて順番に解説することにしましょう。

①相続税は亡くなった人名義の財産だけにかかるのではない

相続税調査の中心テーマは、何といっても親族名義の金融資産に関する問題です。相続税は、登記などの形式的な行為と異なり、その財産の実質的な所有者は誰か、ということが課税上の重要な判断基準とされます。このためたとえ配偶者や子どもの名義になっていても、実質的に被相続人の所有に帰すると認められる預貯金等は遺産と認定されてしまうのです。

正直に言うと、私自身、税理士に成り立ての頃はこのことを知りませんでした。税理士試験の受験勉強でそのようなことを教わった記憶はありませんし、おそらく今でもそういう教育はしていないのではないかと思います。試験問題は、被相続人の財産はこれとこれである、というところから計算がスタートし、遺産の範囲は所与のものとされるからです。ですから実務で初めてこの問題に直面したときは、私自身、相続人同様に「そんなバカな」とすごく驚いてしまいました。

それでは、こんなにも強引な論理はいったいなぜまかり通るのでしょうか。その根拠は、相続税法基本通達として公表されている次の文章に求められるようです。

【相続税法基本通達9－9】

不動産、株式等の名義の変更があった場合において対価の授受が行われていないとき又は他の者の名義で新たに不動産、株式等を取得した場合においては、これらの行為は、原則として贈与として取り扱うものとする。

すなわち、対価を払わず不動産や株式の名義変更をしたときは、その時点で贈与があったものとする、ということです。何だかすごくあたりまえのことが言われているようですが、しかしこの文章に「不動産、株式等」とは書いてあるけれども「預貯金」は含まれていない、というところに着目してください。つまりこの文章を裏返して考えると、財産の名義変更があっても、預貯金については贈与として取り扱わないことがあるよ、ということです。

今でこそ銀行預金の名義は厳格に管理されるようになり、新たな口座開設には身分証明書の提示などが求められるようになりました。しかし個人情報保護法が施行されるより以前、口座の名義についてはかなりラフな取り扱いがなされていたようで、ペット預金などと称して飼い犬の名前でも口座を持つことができたようです。**つまり極論すれば、預金の口座名義に大した意味はなく、財産の所有権の証明にはならないということなのです。**

だから預貯金等については、日常的な移動の段階では問題視することをあまりせず、相続のときに親族名義のものもすべて対象として実質的な所有者を判定し、遺産の範囲を確定させるという取り扱いになっているわけです。このため「この財産は自分名義だから自分のものである」という主張は、預貯金に限っては通用しませんし、税務調査では親族名義の預貯金が相続財産に該当しないかどうか、が厳しく追及されるわけです。

余談ながら不動産については、所有権の移転等の登記がなされると必ずと言っていいほど税務署から「お尋ね」という文書が届き、その取得資金をどこから捻出したか、がチェックされるしくみになっています。そしてお金を出した人以外の人の名義で登記が行なわれたことが明らかになったときには、その時点で贈与税課税が行なわれます。

したがって不動産については、その取得の時点で贈与税課税という洗礼を受けますので、相続のときに「この土地、奥さんの名前になってるけど本当はご主人のものでしょう?」などという指摘を受けることはありません。

②亡くなった人が住んでいた家の敷地が必ず「小規模宅地」に該当するとは限らない

物語の中で、二女の今野まりが相続した土地について、「小規模宅地の特例」が否認される場面が出てきます（91ページ）。

「小規模宅地の特例」とは、亡くなった人が所有していた土地のうち、その居住用または事業用に使用していた部分については一定面積まで評価額を大幅に引き下げる、という制度です（詳しい内容については208ページ参照）。

地価が高い都市部の一般的な家庭の相続では、遺産の中に占める居宅不動産の割合が非常に高いため、この特例の適用可否は税負担に大きな影響を及ぼします。かつては、被相続人が居住していた土地であれば無条件に50％の評価減が認められ、その土地を取得する人の中に配偶者あるいは居住を継続する子どもなど一定の親族がいる場合には、すべての取得者について減額割合をさらに30％上積みして80％割引とする大盤振る舞いの制度でした。

ところが２０１０年の税制改正でその適用要件が大幅に規制され、現在では土地の取得者ごとに個別にその判定を行ない、しかも居住継続しない親族については50％の評価減も一切適用しない、という取り扱いに変わったのです。

この改正は実務に深刻な影響を及ぼしている、と私は思います。核家族化が進んだ今日、老夫婦だけで暮らす、あるいは配偶者を亡くして1人住まいをしている高齢者は非常に多いでしょう。そのようなケースでは、別に住まいを所有している子どもたちが住宅を相続しても、その評価額は更地のままの値段となってしまうのです。**この特例の適用を受けるためには、原則として親と同居していることが必要だ、ということです。**

今野まりのケースはうっかりミスで小規模宅地の特例を適用してしまったという想定でしたが、この制度の魅力は非常に大きいため、「同居していたことにする」という仮装事例が出てこないとも限りません。したがって税務調査では、同居の事実確認が厳しく行なわれていくはずです。自分が住んでいる住宅を売却したときは売却利益が3千万円以下なら所得税がかからない「3千万円特別控除」という特例が受けられますが、小規模宅地の特例とともに「その家に住んでいる」という事実は住民票の登録住所だけで判定してもらえるものではありません。特例の適用に当たっては、その適用の可否について本当に慎重な判断が必要です。

③隠したつもりの財産も、そのほとんどがバレている

「もしかしたら今は、奥さんよりも私たちのほうがお宅のお金の動きを詳しく知っているかもしれない」（69ページ）。調査官の山下が発するこの言葉は、税務調査の立ち会い時に、私自身が実際に耳にしたものです。
調査官は、調査対象となった家庭の家族全員の金融資産の動きを相当詳しく調べています。**そして調べ尽くした挙げ句、どうしてもわからないことが残ったときにその家を訪問して、その解答を聞き出そうとするのです。**

ですから税務調査は、その日の朝になって「今日はこの家にでも行ってみるか」と調査先を選ぶような、そんな行き当たりばったりに行なわれるものではまったくありません。調査に来訪したときには、調査官は自信に満ちあふれています。その言葉のとおり、「お宅のことは私のほうがよく知っているよ」と心の中では思っているのです。ですから調査官が発する言葉の裏には、長期にわたる調査の結果として積み重ねられた資料が横たわっていると考えなければなりません。

私たちは、自分の個人財産について会社が作るような帳簿をつけたり、定期的に貸借対照表を作るようなことはまずしません。頭の中で何となく、不動産がいくら、預金がいくら、ローン残高がいくら、とイメージしている程度ではないでしょうか。それも若いうちならしっかり覚えているかもしれませんが、年とともに財産もふくらんで、そのうちにどこに何があったのか把握しきれなくなるものです。

ですから財産を隠そうとしても、結構適当な、その場限りの雑な方法で行なわれることが少なくなく、そもそも明確な隠匿の意思や目的を持って行なわれること自体がそれほど多くはないはずです。ところが調査官は、職業として財産調査を行ないますので、たとえば預金についてはあらゆる口座をリストアップし、これを時系列で表にして、その増減を比較対照します。そして行方不明となっているお金があれば、その行き先を探そうとするのです。

物騒な世の中になりましたから、自宅に多額の現金を置く人はいないでしょう。ということは、A銀行から引き出した1千万円の現金は、必ずその当日または数日以内にはB銀行やC銀行に預け入れられるはずです。もしかしたら配偶者名義のD銀行かもしれませんし、孫名義のE証券会社かもしれません。数日後ではなく、しっかり保管して1年後のことかもしれません。でもそれら全部の口座を5年単位くらいで一覧表にしたら、ここで減った預金があちらで復活、というようにお金の動きはきれいに浮かび上がってしまうものなのです。

調査官はとくに、退職金をもらった、不動産を売却したなどの過去に大きな入金があったときの、その後のお金の動きを注意深くトレースしているようです。調査官の口から「3年前に別荘をお売りになったときのお金はどうしましたかね?」というような質問を受けたとしたら、それは相当調べた上での質問だな、と覚悟する必要があるのです。

④自宅の金庫や銀行の貸金庫まで財産の保管状況が調べられる

物語では、牧野という調査官が正江に同行して寝室の金庫を調べに行くシーンがあります（75ページ）。このように相続税の調査では、財産の保管状況が必ず確認されるのです。銀行印や預金通帳などの貴重品が保管されている場所（自宅の金庫やタンスの引き出しなど）や、銀行に貸金庫を借りている場合にはその内容物も必ずチェックされるものと考えておかなければなりません。

調査官は、不動産の権利証や実印など、あるべきものがどこにあるかという観点で保管状況をチェックしていきますので、調査があるからといって大切なものをすべてどこかに隠してしまうと辻褄が合わない状況が生じてしまいます。すべてありのままに、隠しごとをせずに見てもらうに越したことはありません。

⑤漠然とした言い訳は通用しない

「長い間に、何度となく、繰り返し繰り返しもらったんだわ。そんなこと、いちいち覚えているわけないでしょう」。これは今野正江が調査官に向けて怒りとともに投げつける言葉です（74ページ）。この言葉も、私は相続税調査の現場で何度も耳にしてきました。そして未亡人たちのその怒りには、理解もするし同情せざるを得ない、と感じています。

たしかに私たちは、仕事のことに関しては議事録を作ったり帳簿をつけたりして記録を残すことを習慣づけられていますが、プライベートなことに関してそんな面倒なことはほとんどしません。赤の他人で相手が信用できないから、契約書を作ったり領収書を発行したり、判取り帳に判子を押したりして後日のトラブルに備えるのであって、信頼し合った家族の間では、契約書などの書類を作る必要がないからです。「お前に100万円やるよ」「あらうれしい。ありがとう」という会話だけで事は足りるのです。

しかし残念ながら、その事実が合法的に成立していることを見ず知らずの第三者に主張する根拠（これを「第三者に対する対抗要件」と言います）ということになると、これではまったく歯が立ちません。いまここに妻名義の1千万円の預金があるとして、それが実質的には夫のものではないのかという疑いを晴らすには、たとえば毎年100万円ずつ10年間にわたって贈与を受けてきたということを客観的に立証しなければなりません。

そのためには、贈与契約書を作成しないとしても、**たとえば毎年の結婚記念日や誕生日などに口座振り込みの方法で資金を移動する、その明細が記録された通帳はしっかり保管しておく、贈与を受けて形成された資金は他の財産とごちゃ混ぜにならないよう個別に管理しておく、などの工夫をしておくことが必要です**。「長い間にもらいました」という漠然とした言い訳では、理詰めで攻めてくる調査官に太刀打ちすることはできないのです。

申告後にいったい何が起きるのか？

すでに何度か述べているように、相続税の手続きは税務調査の完了で終結します。ただしここで言う税務調査とは、相続人の家に税務署員がやってくる訪問調査だけを指すのではなく、納税者の知らないところで行なわれているであろう税務署内部での業務も含みます。したがって相続人が知らない間に税務署がさまざまな情報を収集し、その結果として訪問する必要がないと判断される事例も相当数あるはずなのです。

私自身は税務署で働いた経験がありませんので本当のところはわかりませんが、今までお目にかかった調査官たちの話を総合的に判断すると、おそらくそのようなやり方で調査は進められているのだろうと推測されます。

そして訪問調査が行なわれない場合には、「いま資料を集めています」とか「問題がなかったのでお宅には伺いません」などというメッセージが税務署から納税者に発せられることはありません。**ですからいつ調査が行なわれたのか、もう終わったのか、ということは納税者の立場では何もわからないわけです。**

私もお客様から「どのくらい経ったら安心していいの？」という質問をよく受けますが、

相続税に関する一般的なスケジュール

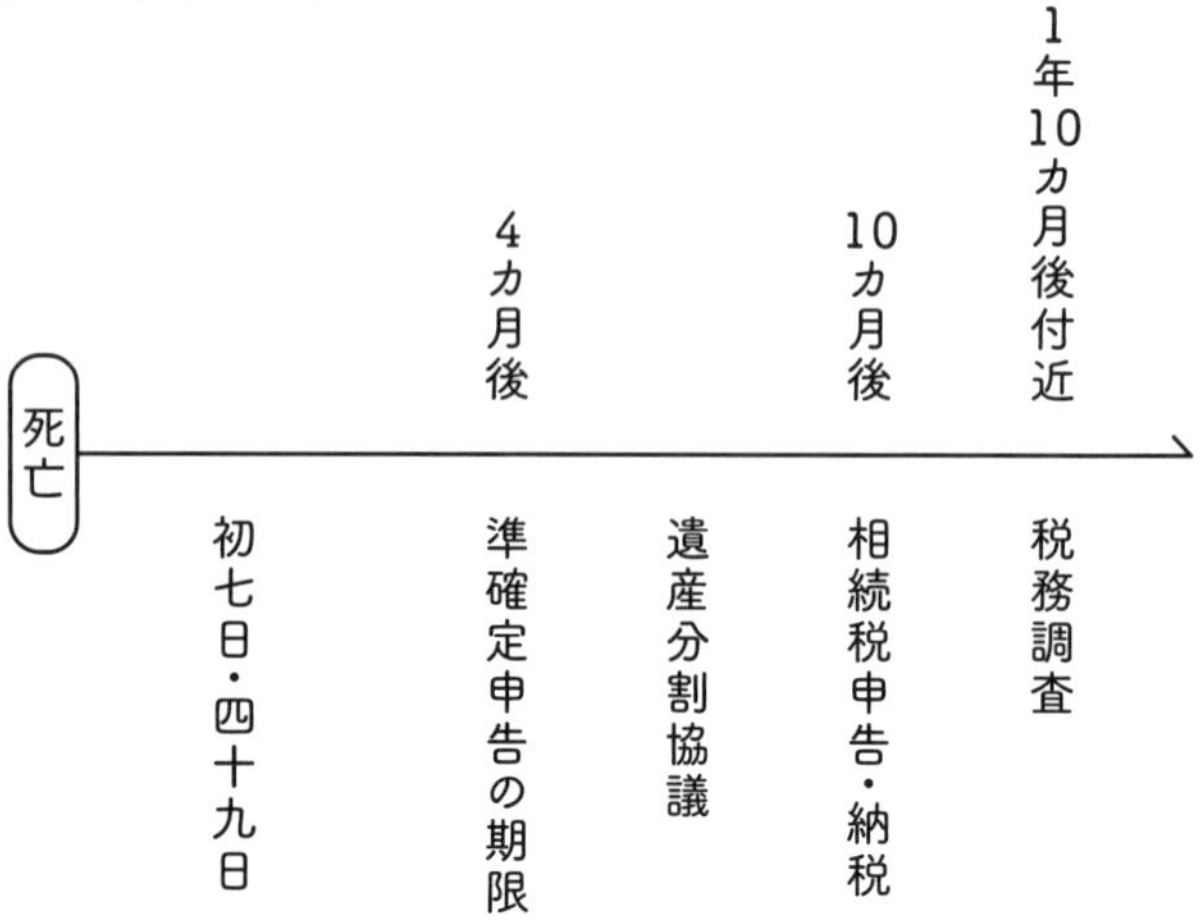

残念ながら明確な回答はできません。これも推測ですが、毎年同じ件数の申告がされるわけではないでしょうから税務署内部も忙しい年があれば暇な年もあるでしょうし、同じ1件でもそのボリュームや内容の複雑さにはかなりの差があるはずです。ですから申告後、半年で調査に来ることもあれば、1年以上経ってからのこともあるのです。

いずれにしても、相続の開始から相続税調査の終結までの間にどのような出来事がどういう順番でいつ頃起きるのか、という次のようなタイムスケジュールを把握しておくことは、安心感を得るためには必要なことです。

①準確定申告【相続開始から4か月以内】

人が亡くなり、初七日や四十九日の法要が

終わって一段落した頃、最初にやらなければならない税務的な手続きが所得税の「準確定申告」です。所得税の確定申告が毎年2月16日から3月15日の間に行なわれることはご存じと思いますが、たとえば3月1日に父親が確定申告を済ませないまま亡くなったとしたら、その家族が本人に代わって申告をしてあげなければなりません。これが「準確定申告」です。

ただし準確定申告は、相続人の誰かが適当に済ませてしまうというわけにはいきません。**なぜなら計算の結果、納める税額が生じたら、その金額は相続に関する債務として相続人全員に連帯納付義務が生じますし、逆に還付金が生じたときは、そのお金は相続財産になりますので誰が受け取るかを決定しなければならないからです。**そこで準確定申告においては、通常の確定申告で必要とされる書類の他に「付表」という用紙を作成し、相続人間での権利義務の承継の仕方を明らかにすることになっています。

なお前出の例でいえば、昨年1年間の所得にかかる確定申告が必要になると同時に、今年1月1日から亡くなった3月1日までの期間についても、所得の発生状況によっては申告しなければならないこともありますので注意が必要です。準確定申告は、3月15日の確定申告期限には関係なく、被相続人が亡くなってから4か月以内に行なえばよいこととされています。

②遺産分割協議【相続開始から9か月以内あたりまで】

相続人が2人以上いる場合には、亡くなった人の財産を分けるために遺産分割協議書という書類を作成しなければなりません。決まった書式があるわけではありませんので自由に書くことができますが、法律的に有効なものとするためには一定のルールを守り、相続人全員が実印を押印することが必要です。

作成の期限もとくに定められてはいませんが、相続税の申告は人が亡くなってから10か月以内にしなければなりませんので、税務申告に間に合うようにするためには、相続開始から8～9か月くらいまでの間には分割案を確定させなければなりません。

なお相続人間で争いがあり申告期限までに分割協議がまとまらなくても、やはり10か月以内に申告と納税をすることが必要です。その場合には法定相続割合で分割したものとして各相続人の税額を計算し、後日分割が確定したときには、当初の申告よりも税額が増える人は修正申告を、逆に税額が減る人は更正の請求という手続きをして正しい税額との差額を調整することになります。なおこれらの手続きは、いずれも遺産分割が確定してから4か月以内に行なうこととされています。

③相続税の申告と納税【相続開始から10か月以内】

遺産の総額が相続税の基礎控除額を超える場合には、相続税の申告が必要です。その期限は前述のように相続開始から10か月以内とされています。たとえばa年5月18日に相続が発生したときは、相続税の申告・納税期限はa＋1年3月18日となるわけです。

実務的には、この相続税の申告期限が相続実務のすべてを律していると言っても過言ではありません。世の中には遺産分割に関して激しく争う事例も少なくありませんので、10か月ですべてが解決するわけではありませんけれども、多くの場合において、この10か月以内という期限を念頭に置いて遺産分割の話合いや税務申告の準備が行なわれています。

なお相続税の申告は、納税額が生じない場合でも必要になることがあります。それは「小規模宅地の特例」や「配偶者の税額軽減」などの特例の適用を受ける場合です。これらの制度は、税務申告を要件としてその適用が認められることとされていますので、特例を適用しなければ納税額が生じるけれども、その適用によって税額がゼロになった、というケースでは必ず申告をしなければなりません。ですから「我が家は小規模宅地の特例のおかげで税金は発生しない」と判定されたとしても、そのことに安心して相続税の申告をしないまま放置するとたいへんなことになりますので、くれぐれもご注意ください。

またこれらの特例は、いずれも財産の取得者が確定した場合にのみ、その確定した財産額に対して適用が認められる制度です。したがって申告期限までに遺産分割協議がまとまらず未分割の状態で申告をするときは、これら特例の適用は受けられません。納税額にも大きな影響が生じますので、分割協議は1日も早く確定させたいものです。ただし申告期限後に分割が確定したときには、一定の要件を満たせばこれら特例の適用を復活させることができます。

④税務調査【相続税の申告から1年後が目安】

相続税の申告書が提出されると、税務署ではまず署内での調査を進めます。詳しくは147ページから説明しますが、そのプロセスでは金融機関に預金取引の推移の照会をするなど、被相続人の関係取引先のあちらこちらに確認や質問が行なわれます。

そしてそれら資料を総合的に検討し、その上で疑問点や明らかな誤りなどが発見されると、その段階で初めて納税者に接触を図るという段取りになるわけです。それらの手続きは、どれ1つを取ってみても一定の時間がかかることですし、調査官は1件の相続につききりで仕事をしているわけではないでしょう。税務署内にどのような業務ルールがあるのかは私にはわかりませんが、経験的に言うと、相続税の申告書を提出してからおおよそ1年後を目安として、その前後6か月くらいの間に訪問調査の連絡が来るケースが多いようです。

ですから少し余裕を見て、申告をしてから2年くらい経って何もなかったら、その相続案件は内部調査が完了して問題が生じなかったんだ、と推測しても大丈夫ではないかと思います。

税務署を甘く見てはいけない

第1部の物語を読んでいただければわかることですが、税務調査は実に理詰めで、粛々と進められるものです。一つひとつの財産について、それが誰に帰属するか、税務署はどのように解釈しているか、その裏付けとなる資料は何であるか、そういったことを相続人に対して順序立てて説明し、あるいは説明を求め、そして相互の合意を探ります。

繰り返しになりますが、とくに親族名義の金融資産については、相続財産とそれ以外との峻別を相当厳しく追及されます。ですから調査の現場では、「これはこうだったということにしておけばいいいんじゃない?」などという安易なストーリーが通用するはずもありません。

税理士は民間人ですから、税務署員のように依頼者を追い詰めることはできません。そこに職業としての限界を感じることもあります。どんなに警告を発しても、「なるほどそうかもしれませんね。でも、言われたら言われたときのこと。そのときに払えばいいんでしょ?」と返されることが少なくないのです。

たしかに、立場が逆になれば私も同じ台詞《せりふ》を口にするのかもしれません。

「スピードを出しすぎたら警察に捕まるよ」

「捕まったら罰金払えばいいんでしょ?」

「お酒を飲み過ぎると病気になりますよ」

「病気になったら断酒するよ」

「出かけるときにはちゃんと鍵を掛けていかないと」

「こんなうち、泥棒なんて入りゃしないさ」

誰もが、自分にだけはそんな災厄が降りかかってくることはない、と漠然と思っているのです。だから他人の忠告は、何となく上《うわ》の空で聞いてしまうのでしょう。でも、「言われたら払えばいいんでしょ」とうそぶいていたその税金を本当に納めることになったとき、そしてその税額が驚くほどの高額であることがわかったとき、人は大きな衝撃を受けます。

とくに相続税において困るのは、追徴税額を納めるのは遺産の分割が終わって1年以上経ったあとになってからであるという点です。

相続した直後なら、もともと自分の資金繰りに存在しなかった大きな財産が天から降ってくるようにして手に入るわけですから、相続財産が金融資産である限り資金繰りに窮することはありません。1千万円の預金を相続した人に相続税が1千500万円かかることはあり得ないのですから。

しかし親族間の分割も完了し、それぞれの財産が納まるところに納まってしまった後になってから、想定していなかった税金を追徴されるというのは非常に苦しいものです。遺産を手に入れて気持ちが大きくなって、高級外車や不動産を買ってしまったあとだったりしたら、追徴金を納めるゆとりなど出てこないはずです。

また、遺産分割を通じて親族の関係がぎくしゃくしてしまったケースでは、修正申告の話をまとめるのもたいへんです。「あいつの顔は二度と見たくない」と思っている兄弟と、再び角を突き合わせていろいろ議論をしなければなりません。そのための時間の確保もバカにならないでしょう。

このように考えると、一度まとまった遺産分けについてあとからクレームがつくようなことはできる限り避けたい、と誰もが思うはずです。そしてそのような不測の事態を防ぐためには、たとえ税務調査を受けたとしても追徴税額が発生しないよう、当初の申告を完成度の高いものにしておく必要があることがご理解いただけると思います。

「言われたら払えばいいんでしょ」は、口にするのは簡単ですが、実行するのは容易ではありません。相続税の節税対策は、理論的裏付けのしっかりした、後日の調査に耐えうるもののみを実行するように心がけたいものです。

3 相続税調査のすべて

相続にも損益計算書と貸借対照表がある

かつて「マルサの女」という映画が一世を風靡したことがありました。私も観ましたが、とても刺激的な作品に仕上がっていたのが印象的でした（変拍子のBGMも素晴らしかった）。ところであの映画の中で、マルサ（国税局査察部）の調査官たちが脱税犯の隠し財産や印鑑などを懸命に探し回るシーンが出てきます。いったいなぜ、調査官はそのような作業をしなければならないのでしょう。

これは私が推測することであり誰かに教えてもらったわけではないのですが、おそらく「税務調査にも貸借対照表と損益計算書があるから」というのが正解だろうと思います。

すなわち「所得を隠す」というのは1つの活動であり、その結果として「隠匿財産が増え

る」という事実が生じます。いわば「脱税」は原因であり、「隠し財産」はその結果なのです。

原因だけがあって結果がない、ということはあり得ませんし、ある事実には必ずその背後にそれを誘発した原因があるはずです。だから税務調査では、「あなたは脱税をしたでしょう」という原因だけを追及しても不十分で、「その結果としてこんなに財産を隠していたじゃないか」という事実を突きつけなければ立件することはできないのではないかと思うのです。

もう少し詳しく説明しましょう。企業は毎期、決算報告書を作成します。決算報告書の中心となる書類は「貸借対照表」と「損益計算書」ですが、前者は決算期末日現在において会社が所有する資産や負債などを一覧にしたものであり、後者は1年間の売上高から売上原価やさまざまな経費を差し引き、最終的にいくらの利益が出たかを報告するものです。すなわち貸借対照表は決算期末日という「一時点での事実」を、損益計算書は1年間という「一定期間における事業活動の総体」を報告するわけです。

損益計算書は「収益－費用＝利益」の算式を形にしたものですから、人間の体にたとえて言うなら一定期間のカロリー摂取量とカロリー消費量を対比するのに似ています。食べ物をたくさん食べてカロリーを過剰に摂取しても、運動などによりそれを上回る消費をすれば体重は減少します。すなわち「赤字」になったということです。逆の場合には体重の増加という結果をもたらすわけで、頑張って働いて利益が出れば、必ず資産が増える（あるいは負債が減少する）という結果をもたらすのです。

すなわち、1年間の損益計算書の結果が貸借対照表の数値に影響する。前期の貸借対照表と今期の貸借対照表を比べて財産が増えていたら、その原因はこの1年間の事業活動で出た成果、すなわち損益計算書に記載された「利益」によって達成されたことになる。そして2期を比較したときの貸借対照表の財産の増加額（＋負債の減少額）は、常に損益計算書の当期利益額に一致する、というわけです。実に単純な、小学生でもわかる足し算と引き算の論理です。

相続税の調査も同様です。亡くなった人の生前の所得水準は、確定申告書など過去に税務署に提出された書類等からある程度補足することができます。そしてこれらの資料から、この程度の所得水準であればこのくらいの財産があるはず、という何となく相場観のようなものが生まれます。

もちろんいくらあるはずだということは言えませんが、年収1億円だった人の遺産が5千万円しかありませんといったら、何かおかしいんじゃないのか、と誰もが感じるわけです。また事前調査のプロセスで、銀行預金が多額に引き出されたまま行方不明になっているというような、財産隠しを疑わせる事実を発見することがあります。

このように収入とのバランスからして遺産額が少なすぎる、あるいは脱税の痕跡があるけれども財産が行方不明である、というような場合には、脱税行為を立証するために、前述のように調査官は行方不明の遺産を一生懸命探すのです。だから自宅への訪問調査は大切なチャンスであり、わずか数時間の滞在中にその手がかりが掴めないかと神経を張り巡らせるわけです。税務調査で財産の保管状況が細かくチェックされるのは、脱税という「原因」に基づく、隠し財産という「結果」を求めているからなのです。

所得税の確定申告と調査の関係

所得税の分野では、2千万円という金額が1つのボーダーラインになっているのをご存じでしょうか。たとえばサラリーマンの場合、年間の給与収入が2千万円を超えると勤務先で年末調整を受けることができません。すなわち会社任せで終わらせず、税務署に自ら確定申告をして年税額の精算をしなければならないのです。これは、サラリーマンといえども年収が2千万円を超えるような高額所得者であれば、税務署が個別に管理したいという意向の現われであると考えられます。

また年間の所得金額が2千万円を超える人は、確定申告のときに「財産及び債務の明細書」という書類を提出することが義務づけられています。これは前年12月31日現在で所有している不動産や金融資産などの財産並びに住宅ローンなどの債務の残高を一覧にして提出するもので、企業が作成する前述の「貸借対照表」によく似たものです。このような書類の提出が求められるのは、やはり将来の相続税課税に向けての事前情報の収集が目的であろうと思われます。

調査官は、相続税の調査に着手するに当たって、過去に税務署に提出されたこれらの書類をひと通り確認しています。まずは税務署の中に調査の手がかりになるものがないかどうかをチェックするわけです。

たとえば確定申告書に配当所得の記載があれば、遺産の中に株式があるはずだ、と考えるのが自然です。不動産所得の申告があるなら、どこにどのような賃貸用不動産を所有しているかがわかるでしょう。また過去に不動産の譲渡所得の申告がされていたら、その時点で多額の現金を手に入れたことが推測されます。そのお金はどこへ行ったのか。相続税の申告書にきちんと記載されていれば問題ありませんが、不動産の売却収入に比べて遺産に計上された金融資産の額が少ない場合には、調査の対象にされるかもしれません。このように私たちは、相続税の予備資料を日常的に税務署に提出しているのです。

事前調査で行なわれること

税務署に勤務した経験のない私にとっては推測の域を出ませんが、納税者から相続税の申告書が提出されると、調査官はまず徹底的な事前調査を行なっているようです。不動産の評価など机上の確認が可能な事項については、その計算が法律や通達のルールに従っているか、面積が登記簿の記載と違っていないか、固定資産税評価額が正しく反映されているか、などが専門の部署で細かくチェック・再計算されます。

また申告書に記載された各種金融資産については、その預け先の金融機関に対して取引明細の照会を行ない、故人だけでなく親族名義の財産についてもお金の出入りがつぶさに調べられるのです。実に根気の要る、手間のかかる作業です。

金融機関は、預金者の肩を持つわけにはいきませんので、税務署から要請があれば預金の取引明細も残高一覧表もすべて報告します。これらを手に入れた調査官は、金融資産の動きや預金残高の推移等について、さまざまな視点から検討を加えるようです。

たとえば振り込み取引があります。被相続人またはその親族の口座には、株式の配当金、家賃収入、給与や退職金・年金などの収入、資産の売却代金、貸付金の返済額、誰かから贈与を受けたお金など、さまざまな振り込み入金があるでしょう。税務調査では過去の確定申告の内容がチェックされていると先ほど述べましたが、もしかしたら申告が漏れている収入が存在する可能性だってあるわけです。

もちろん振り込んできた相手先の名前だけでは、それが何の収入なのか見当がつきません。しかし確定申告のデータなどと照らし合わせればある程度のものは推測がつきますので、それらを消し込んでいって最後に残ったもの、すなわちいったい何の入金なのかまったくわからない取引が後日の調査の対象として浮かび上がっていきます。

またどこかに振り込んだ取引も要チェックです。家賃の支払、不動産の購入対価、雑誌の購読料、ネット通販の買い物代金、植木の手入れ代、子どもや孫の学費、海外旅行の申込金、親族への贈与などなど、インターネットバンキングが発達した今日、人は実にさまざまなところにお金を振り込んでいます。それらを見ていくと、やはり第三者の目には不審な送金が浮かび上がってくるものなのです。そういった取引をまとめておいて、後日の訪問調査に備えます。

さらに現金の出し入れも重要なポイントです。振り込み取引なら、相手の名前等がわかりますからその先を調べることが可能ですが、現金取引はそういう点ではまったくお手上げです。ある日突然に多額の現金が預け入れられていたり、また逆に多額の預金が忽然と引き出されたまま行方不明になっていたりすると、調査官は強い興味を示します。そこで調査の糸がぷつんと切れてしまうからです。

しかしその前後にどこか別の口座で似たような取引があれば、そこに関係性を見出すことが可能です。夫の口座から500万円が引き出されたのと同じ日に妻の証券会社の口座に400万円の入金があったなら、ここに資金の移動があったと見るのが常識的です。問題は、贈与なのか、貸付なのか、借名なのか、ということだけです。そこでそのような疑問点を整理し、訪問調査の際に相続人に聞き取りをする、という段取りになるわけです。

また第1部の物語でも取り上げましたが、相続開始の直前に銀行預金を引き出す人は少なくありません。預金者が死亡したことが金融機関に知れると口座の出し入れができなくなりますから、事前にお金を引き出しておくことには生活上の必要もあるでしょうし、もちろん悪いことではありません。**問題は、引き出したまま使わずに残ったお金が相続開始の日にいくらあったか、です。**その手許現金を相続財産として申告書に計上してあれば何も問題はないのですが、往々にしてそれが漏れるケースが多いため、調査官も神経をとがらせているわけです。この点は、申告の際に十分注意したいポイントです。

訪問調査で行なわれること

以上のような事前調査を経て、大きな問題点が見つからない案件に関してはそのまま調査終了となります。すでに述べたように、納税者にあてて何かの連絡が来ることもありません。前出のように申告書を提出してから2年経っても税務署から何の連絡もなかったら、おそらく調査は終わったんだな、と推測するということです。

これに対して、事前調査の段階で不明点や要確認事項がたくさん浮かび上がってきた案件、また申告内容が明らかに間違っていると認められる案件については、相続人宅への訪問調査が実施されます。その具体的な手順や内容は第1部の物語で示したとおりですが、ここではそのポイントを整理しておきましょう。

①事前に調査の通知がある

一般的な相続税調査では、ある日突然、映画「マルサの女」のように調査官が突然自宅にやってきて「動くな！」などということはありません。事前に電話連絡が入り、お互いの都合を確認しつつ調査日時のすりあわせが行なわれます。税理士が関与している案件では、会計事務所にスケジュール調整を依頼する電話が入り、そこからスタートすることになります。

事前調査のところで説明したように、調査官はその時点までで調べられることはほぼ調べ尽くしており、ある程度自信を持っていますから、そんなに慌てて日程を決める必要はありません。また調査するのはすべて過去の出来事ですから、財産の隠匿を強く疑われる案件を除き、現場検証のようなことをする必要もほとんどないのです。したがって日程の調整は、納税者の都合をある程度聞き入れてくれるようです。

もっともあまり先延ばしにすることは相手に不審な印象を与えますし、調査官にも予定やノルマがありますから、早めに対応したほうがいいでしょう。ちなみに第1部の物語の冒頭で今野夫妻が「調査を断われないのか」と会話するシーンがありますが、国税通則法には税務職員の「質問検査権（国税通則法第74条の3）」という規定があり、国民には受忍義務が課されています。ですから、税務調査には協力的に対応しなければなりません。

②故人の経歴や親族の状況などが聞き取られる

訪問調査の当日は、故人の生い立ちから亡くなるまでの経歴、親族の状況などについての聞き取りから作業がスタートします。多くの場合において、調査官はとても紳士的であり、恐怖感を抱かせるようなことはほとんどありません。相続税の調査は、ビジネス等にあまり縁のない高齢の未亡人に対して行なわれることが多いので、必然的にそのようなソフトな対応になるのかもしれません。

調査官にとっても、事前調査の段階ではすべて書類だけで勝負してきたわけですから、実際に相続人と面談してみると「今野正江さんってこんな顔してるんだな」とか「思ったよりしっかりしているな」などの感想が浮かび、平面的なイメージが急速に立体的になるはずです。そして会話の中で、それまでの自分の思い込みを訂正したり、疑問点を解決したりしていくわけです。

③財産の保管状況が確認される

人物に関する聞き取りが完了すると、続いて事前調査で浮かんだ疑問点について、一つひとつ確認作業が行なわれます。物語にもあったように「相続開始直前に銀行から引き出したお金はどうしたのか」「配偶者名義の預金はどのように形成されたのか」などの質問がなされ、相続人の回答の仕方や表情の変化を見て、家族の考え方や性質、それら行為の目的などについての印象を固めていきます。

そしてそれと並行して、自宅における財産の保管状況が調べられます。実印、銀行印、認印、預金通帳、印鑑カードやキャッシュカード、現金、貴金属類、不動産の権利証など、**一般的な家庭にあるはずの貴重品類がどこにどのような形で保管されているのか、ほぼ100％の確率で確認作業が行なわれます**。家庭での調査は、通常は客間や応接室などで行なわれますが、貴重品は寝室など家族専用の部屋にしまわれているのが一般的です。一見の客が立ち入ることはまずあり得ない場所ですが、税務調査では調査官が必ずその保管場所まで同行します。そして保管状態を目視した上で内容物を応接室等に持ち出し、そこで中身のチェックを行ないます。

銀行に貸金庫を借りている場合には、これもほぼ100％の確率でチェックが行なわれます。申告財産に乗っていない現金や金地金などが貸金庫のケースの中から出てきたときには、調査官は心の中で握り拳を突き上げていることでしょう。

④訪問は1日で終わる

相続税の訪問調査は、よほどの資産家の案件でない限り、ほぼ1日で終了します。約束した調査の当日、午前10時前後に調査官が来訪し、午前中2時間、親族への聞き取りや自宅の財産保管状況のチェックが行なわれます。正午に調査は一旦中断となり、調査官は外に出て昼休みを取ります。そして午後1時から残りの作業をするのですが、相続人が貸金庫を借りている場合には、午後の時間帯に貸金庫への同行を求められるでしょう。

意外に短時間だと思われるかも知れませんが、事前調査の積み重ねの中から最終的に残った疑問点を解決するのが訪問調査の主な目的ですから、質問の中身は非常に濃く、また作業は効率よく行なわれます。そして午後4時前後には、調査官は帰っていくのです。

⑤最終決着までには数週間以上かかる

しかし税務調査は、訪問調査の1日ですべてが終わるわけではありません。税務署という組織は、不正防止のために1人の人間に決裁権が集中しないようなさまざまな工夫がなされています。税務調査で手心を加えることができたら、すぐに贈収賄の温床となってしまうからです。このため調査から戻った調査官は、「復命」と言って、調査で確認したことを必ずその日のうちに上司に報告するシステムになっているのです。したがって調査当日の帰り際に、調査官が「修正申告は必要ありませんから」などと言うことは絶対にありません。

もっとも統計資料によると、訪問調査の結果として80％以上の案件から申告漏れが見つかっているようですから、調査後に修正申告に結びつく可能性はかなり高いと言わざるを得ません。したがって一般的には、訪問調査終了後しばらく時間が経ってから税務署から連絡が入り、結果としていくらの申告漏れ財産があると税務署が認定したのか、の説明を受けることになります。その説明に納得がいかないときは、納税者は自分の主張を裏付ける証拠資料等を提出しなければなりません。そして何度かのやりとりがあった後、最終的な修正申告の内容が確定します。

税理士が関与している案件では、税理士の手によって修正申告書が作成されるでしょう。そうでない場合には、税務署員の指導を受けながら自らの手で申告書を作成し、追加税額を納付する必要があります。この間、長い場合には数か月を要することもあるのです。

相続人の対応次第で税額が変わる

税務調査で申告漏れの財産が発見されたときは、追加の相続税に加えて、申告が漏れていたことに対する罰金的な性質を有する「加算税」という税金を納めなければなりません。

これには「過少申告加算税」と「重加算税」の2種類があり、前者の税率は納める税金の原則として10%、後者は35%とされています。すなわち過少申告加算税に比べると、重加算税は圧倒的に重い税金なのです（このほかに、本来の納期限からの延滞利息に相当する「延滞税」という加算税も合わせて課税されます）。

それではこの両者はそれぞれどのような場合に課税されるのかというと、それは脱税意思の有無の判定にかかっています。すなわち申告漏れ財産の存在を相続人自身が知らなかったり、あるいは単純な勘違いや計算誤りで申告額を少なくしてしまった場合には過少申告加算税で済みますが、相続税を逃れる意図があり、そのために財産を隠蔽したり書類や事実を仮装した形跡が見られる事案は、重いお灸を据えるため重加算税の対象とされるわけです。

相続税の訪問調査では、多くの場合において2人の調査官がやってきます。その理由は、未亡人の家を1人で訪ねるのは具合が悪い、という事情があるのかもしれませんが、それ以上に相続人の発言を複数の調査官が同時に聞き取り、後日の証拠にしたいという目的があるのではないかと私は思います。法人税の調査ならば、調べるほうも調べられるほうも経理のプロですから、帳簿書類などの資料を基に客観的な判断を下せるでしょう。しかし相続税では、調査相手は税務についてほとんど知識を持ち合わせない素人です。それに加えて調査対象物には決算書や帳簿記録のような基準となる資料が存在しません。ですから、どうしても当事者の発言や態度などを判断の根拠とせざるを得ないわけです。

相続人の中には感情的になる人もいるし、イエスといった言葉をあとから翻して「そんなことをいった覚えはない」と供述を変える人もあるでしょう。また自宅や貸金庫から申告漏れの財産が発見されたとき、その瞬間に相続人が示す態度や発言の内容をベースとして、脱税の意思の有無を判定しなければなりません。**極端に言えば、貸金庫から出てきた金の延べ板を目の前にして、相続人が「うわ、こんなものが入っていたんですか」と目を丸くして言えば過少申告加算税、「ちぇっ、ばれたか」と言えば重加算税の対象になる、ということです。**

相続税の調査では、当事者の意図・目的・感情などの抽象的で目に見えないものを拠り所としてさまざまな判断が下されます。それだけに言葉の一つひとつが重要であり、だからこそ複数の調査官の目や耳が必要とされるわけです。税務調査を受ける側も、自分の発言に大きな比重が置かれていることを十分に理解して望まなければなりません。

「事後処理」について

訪問調査の結果、財産の申告漏れを指摘されたときは、修正申告をして追加の税金を納めなければなりません。税務署とすれば、職権で追徴税額を確定させる「更正」という手続きを取ることもできますが、そうすると納税者との間での争いが長引いてしまう危険性があります。それよりは、納税者が自ら進んで修正申告をしてくれれば一件落着となりますので、当然にそのほうが望ましいわけです。一般的には、修正申告で片がつくケースがほとんどだろうと思います。

修正申告をする場合には、指摘された申告漏れ財産を誰が相続するのか、相続人間で改めて分割協議をしなければなりません。申告が漏れていた財産はまったく表に出ていなかったのですから、当然に遺産分割協議の対象にもなっていないはずだからです。この場合、すでに作成済みの遺産分割協議書を加筆修正することはできません。したがって新たに登場した財産についてのみ、新しい遺産分割協議書を作成してその財産の取得者を確定させます。相続税の修正申告書には、この新しい遺産分割協議書のコピーを添付しなければなりませんので、注意が必要です。

ちなみにそのような煩わしい手続きを簡略化するため、当初の遺産分割協議書に「新たな遺産が発見されたときは、すべて相続人○○○○が取得する」というような一文を入れておくというやり方もあります。こうすれば修正申告財産の取得者が自動的に決定できるからです。

ただしそれでは不都合なケースもあります。相続人の誰もがその存在を本当に知らなかった財産が発見されたときには、右記の一文に指名されなかった人が不利益をこうむるからです。したがって相続人間に争いがある場合には、この方式が採用されることはないでしょう。

修正申告書並びに新たな遺産分割協議書の作成が完了したら、税務署にこれを提出します。そして追加納付税額の納税が完了すれば一件落着となりますが、修正申告による増差税額の納付が完了すると、後日、税務署から前述の延滞税、過少申告加算税（あるいは重加算税）の納税通知書が届きます。その納付が完了したら、本当の意味での終結となります。

4 相続税の節税対策のむずかしさ

無意識のうちに大罪を犯してしまう恐怖

第1部の物語は、相続人の今野正江が夫の預金口座から繰り返し現金を引き出し、総額1千100万円を貸金庫に隠匿していた、という筋書きでした。みなさんは彼女のこの行動をどう考えますか。「けしからん女だ」と批判するのは簡単ですが、しかし正江の心の中に自分が罪を犯しているという認識はどの程度あったのでしょうか。

私が過去に見聞した実例から見ると、このような行為に及ぶ人の多くが「犯罪に手を染めている」という感覚をほとんど持ち合わせていませんでした。明日は我が身です。同じような状況になったら、あなたも同じ過ちを犯してしまうかも知れません。これが脱税案件の恐ろしく、またたいへん困ったところです。

他人をナイフで刺す、人の財産を盗む、他人の家に火をつける、交通事故の相手方が大怪我をしてしまった……。このように私たちが犯罪と考える行為には、常に相手方がいます。怒り、苦しんで、自分に向かって賠償を求めてくる「被害者」が存在するわけです。

ところが脱税という犯罪には、直接的な被害者がいません。自分の家族の預金を引き出して、それをそっと貸金庫にしまったところで、誰かが困るわけでも、怒るわけでもありません。そして平穏な日々が過ぎていくうちにそのこと自体を忘れてしまったり、あるいはちゃんと申告しようと思っていたけれども誰からも咎められることがないので何となくそのままにしてしまう。案外この程度のことなのではないかと思います。

しかし納税は、憲法にも定められているように国民の重大な義務です。ですからこれを免れるのは、国を支えるという国民の義務を不当に逃れる行為であり、厳しく処罰されることになるのです。相続税法にも懲役刑の規定があるのをご存じでしょうか。

(相続税法第68条)

偽りその他不正の行為により相続税又は贈与税を免れた者は、十年以下の懲役若しくは千万円以下の罰金に処し、又はこれを併科する。

このように、最悪の場合には懲役10年そして罰金1千万円という刑罰が待っているのです。名誉ある我が家の社会的地位をこのような行為で汚すなど、あり得ないことでしょう。現実には情状の酌量が行なわれますから、今野正江が取った行動程度のことで刑務所に収監されることはないでしょうが、しかし最近は脱税に対する社会の批判の目もかなり厳しくなっています。似たような行為の結果、テレビ出演ができなくなった芸能人がいることはみなさんもよくご存じですよね。軽率な行動には十分注意したいものです。

「相続する人」の立場からの対策立案のむずかしさ

相続税対策は、すでに述べたように、その実現にかなりの困難を伴います。なぜなら対策の最終的な是非や効果は、一家の主の死後に行なわれる税務調査によって初めてその判定が下されるからです。その間、夫から妻へ、あるいは父から子へと、さまざまな情報や考え方が伝授されていきます。まるで伝言ゲームのようなものです。時には、主が考えていたことが正確に相続人に伝わらないこともあるでしょう。父親の計画を「そんなバカな」と一蹴する子どもだっているかもしれません。なかなかむずかしいものです。

対策を貫徹させるには、相続させる人と相続する人が価値観を共有し、あたかも1人の人間であるかのように一貫した行動を取る必要があります。できることなら家族の全員が一体となって物事を進めていくようにしたい。会社の事業活動にしても、スポーツの団体競技にしても、あるいは音楽のバンド演奏にしても、世の中で進められるプロジェクトはみな事前に打ち合わせを行ない、準備と練習を積み重ねて本番を迎えるのです。事の成否は、綿密な打ち合わせができたかどうかにかかっている、といっても過言ではありません。

たとえば空き地にアパートを建築し、不動産管理会社を設立して所得分散を図る、というプランを立てたとしたら、跡を継ぐ妻子がその事業に理解を示し、事業運営や会社決算に精を出さなければなりません。また、3人の子どもを公平に遇したいので不動産の持分を3分の1ずつにすると親が決めるのは、子どもたちがずっと仲良く暮らしてくれることが前提となっているわけです。

ところが現実は計画通りに進みません。「親父が変な会社を作ったから、毎期の決算が面倒で仕方がない」と事業そのものをやめてしまうこともありますし、仲が良かったはずの兄弟が父の死亡と同時に骨肉の争いを始める、というのも実例の多いことです。本当になかなかむずかしいことなのです。**ですから節税対策は、事前に家族間でしっかりとした打ち合わせができる環境にないのであれば、あまり壮大でない、なるべく自分の手の届く範囲で完結できる、親族全員を巻き込むことのない、そういうレベルのものにとどめるべ**

きである、と私は思います。

相続する人の立場からすれば、兄弟はみな利害が反するライバルです。したがってよほど仲のいい家族を除き、みんなで一緒になって対策を練るということは非現実的でしょう。ですから子どもの立場として親に望むことがあれば、親と自分との間で、すなわち「縦」の関係で話し合う機会を持ち、相談を重ねていくというスタイルが一般的ではないでしょうか。

家族関係が良好であるなら、親が元気なうちにいろいろなことをオープンにしてそれぞれの考え方や希望を確認し合っておくことがもちろん最善の策です。しかし「横」の関係での協議は、最初のやり方を間違えるとボタンの掛け違いになったままあらぬ誤解をされて親族関係が悪化してしまう危険性があります。慎重な切り出しが必要です。

また子どもの立場からすると、親の所有する財産の全体像がわからない、という障害があります。いくら仲のいい親子でも、預金残高の情報まではなかなか明かさないものです。でも子どもにとっては、親がいくら持っているのか知らない、親が何を考えているのかもわからない、という状況では対策の立てようもありません。人は歳をとればとるほど、頑固でわがままになると言います。短気を起こして財産の情報を公開するように詰め寄ったりすると、今度は親からもあらぬ疑いをかけられてしまいます。しかし親が認知症にでもなってしまったら、それはそれでまたたいへんです。相続する立場からの対策立案は、本当にむずかしいものなのです。

「相続させる人」の立場からの対策立案のむずかしさ

相続させる親の立場からしても、相続税対策の立案は容易ではありません。

なんといっても最大の悩みは、どうすればもっとも公平な遺産配分ができるのか、不平不満が最小値となる分割方法とはどういうものかがわからない、ということです。子どもといえども成人すれば1つの人格であり、思春期を過ぎたあたりからだんだん親のコントロールが効かなくなります。

どうしてこの子はこんなに引っ込み思案なんだろう、どうしてこの子はこんなに欲が深いんだろう、どうしてこの子は……、と親の悩みは尽きることがありません。私は、職業柄さまざまなご家庭と縁を持ちますが、率直に言って子どもに全幅の信頼を寄せている親御さんはそれほど多くないように感じます。子どもの立場からすれば、親はいつまでも威張っているように見えるかもしれませんが、案外に親というものは弱気で自信がなく、子どもの顔色を窺っているようなところがあるのです。

端から見れば、自分の財産なのですからあとのことなど考えずに自分の好きなようにすればいいのに、と思っても、ご本人はなかなかそんな気分になれません。かといって子どもたちと膝を交えて話合いをするわけでもなく、子どものちょっとした言葉の端々に「この子はこんなことを考えているのか」と驚いて一喜一憂するようなことを繰り返すのです。

大切な家族だし、人としてはとても可愛いけれど、でも次代を託すには信用しきれない。自分がさんざん甘やかして育ててきたくせに、子どもはいつまで経っても子どものままで頼りなく見える。しかしそれでは親は永遠に天国に旅立てません。死んだあとのことまでコントロールはできないのですから、どこかであきらめと踏ん切りをつけなければならないのです。

私は、親はもっとリーダーシップを発揮すべきだろうと思います。子どもにどう思われようと、自分の財産は自分が思うとおりに消費し、処分する。そしてあの世に行くときに余りがあれば、多少のでこぼこがあっても細かいことは気にせずに遺産の分け方を指示する。そのくらいの神経のず太さがあって然るべきではないでしょうか。

誤解を恐れずに言えば、1つしかない土地を3人の子どもに公平に分けることなど、もともと無理な話なのです。親が子どもの顔色を窺って増長させるようなことをするから子ども同士のケンカが始まるので、すべてを親の責任において強権発動してしまえば、子どもの不満も少しは抑えられるのではないでしょうか。

とにかく現代の家族は、遺産相続のテーマに関して言えば、どこの家庭も圧倒的にコミュニケーションが不足しています。相続税対策は、世代の橋渡しの上に成り立つものが多いですから、まずは家族間で話合いをする機会を増やして、親の主導の下に子どもを教育し、相互の会話の中から自分の家に最適な対策を取り入れていくようにしたいものです。

リーダー不在の税務申告そして相続税調査

しかし現実はなかなか思うようになりません。父親が1人で研究し、妻や子どもの名前でこつこつと預金を積み立て財産を分散したつもりでも、そのプランの真の目的が家族に伝達されないまま相続が発生してしまう、という事例は少なくないようです。もっとも父親としても、妻や子どもの名前で預金をしてはあるけれど、それをそのまま渡してしまおうと思っているわけではない、というところにも問題があります。

誰にとってもお金は命の次に大切なものですから、そんなに簡単に分け与えてしまうわけにはいかないし、何かあったときのために蓄えは必要です。大きなお金を渡して子どもたちが浪費してしまっても困るし、そもそも教育上よろしくない。**こうして相続税対策と**

教育上の配慮と欲の板挟みになり、その結果として家族名義にしたのに自分が管理しているという中途半端な「あげたことにして預金」ができ上がっていくわけです。

相手がまるっきり知らないのも困るし、最近では口座開設に身分証明書も必要ですから、「お前の名前で預金しておいてやるからな」くらいのことは言うのでしょう。でも通帳も銀行印も自分の手許にないのであれば、子どもはその預金を自由に引き出すことができません。自分の名前になってはいるけれども自分が自由に使うことはできない預金。いったいこれは自分のものなのでしょうか。

答えは「ノー」です。所有権が移転したのであれば、その財産は移転を受けた人の支配下に置かれなければなりません。つまり移転先の人が自由に引き出せるようになって初めて、その預金の所有権は移転したことになるわけです。ですから「あげたことにして預金」は父親が子どもの名前を借りて銀行に預けた「借名預金」ということになり、したがって子どもの名前で預金した時点で贈与税が課税されることはありませんし、同時に、父親に相続が発生したときには相続税の課税対象になってしまうのです。つまり相続税対策としては効果がない、ということです。

これでは父親がこつこつと財産を分散してきた努力が水の泡になってしまいます。とくに税務調査において、調査官から「この預金はあなたのものですか?」と尋ねられた子どもが「親父はケチで私に自由に使わせてくれなかった」などと言おうものなら、その時点ですべてが終わりです。

このように、相続税対策のために財産を親族名義に分散させるのなら、現実に、名実ともに分散させてしまわなければ意味がありません。「あげたことにして」では、リーダー亡きあと、リーダーの期待通りの成果を出すことはむずかしいと思ってください。

5 世間にはびこる「14の誤解」

相続に対する漠然とした不安感や恐怖感からか、世の中には相続税対策に関する驚くような「迷信」が出回っているようです。ここまでお読みになれば、それらがいかに間違った情報であるかがある程度はご理解いただけていると思いますが、念のため「迷信」の数々とそれが誤りであることの根拠をお伝えしましょう。

誤解① 相続税はものすごく高い

相続税に関して一般の方々からご相談をお受けする機会は多いのですが、お話を伺うたびに私が感じるのは、多くの人が相続税に対して必要以上に恐怖心を抱いている、ということです。

「どうすれば相続税を節税できますか?」

「家族に財産を分散させる方法にはどのようなものがありますか?」

〔 相続税対策に関する誤解 〕

①相続税はものすごく高い

②配偶者が遺産相続すれば相続税はほとんどかからない

③妻や子ども名義で預金すれば相続税の対象にならない

④子ども名義で預金すれば贈与したことになる

⑤妻や子どもにどんどん贈与すれば節税できる

⑥111万円で贈与税の申告をすれば大丈夫

⑦死にそうになったら銀行預金はおろしたほうがよい

⑧現金に相続税はかからない

⑨土地を買えば相続税が節税できる

⑩同じ敷地内の二世帯住宅なら土地の評価額は安くなる

⑪不動産は子ども全員の共有にすれば公平だ

⑫遺産は法定割合で分けなければいけない

⑬遺言書は絶対だ

⑭「相続放棄」と「ゼロ相続」は同じこと

こういう質問をされる方に「家庭の状況によってやり方はそれぞれ異なりますから、まずあなたの家の財産状況を教えてください」とお尋ねすると、「よくわかりません」とか「今までに相続税の試算をしたことなんてありません」と答える人が実に多いのです。

ビジネスが上手くいかないときも、体調が良くないときも、その原因を突き止めなければ対策を打つことはできません。まずは現状分析が必要です。相続税対策も同じことで、自分の家にどのくらいの財産があり、家族状況がどうなっていて、このまま相続が発生したら相続税がいくらくらいかかりそうだ、という情報がなければ、相続税対策のスタートラインに立つこともできません。

そして、なるほどそうか、と現状分析をしてみたら、意外や意外、何もしなくても相続税はゼロ、というケースもかなりあるのです。平成25年度の相続税改正でも、基礎控除の引き下げばかりがクローズアップされて「増税」のイメージが先行していますが、同時に「小規模宅地の特例」についての拡充も手当てされています（詳しくは208ページ）。

都市部の一般的な家庭では、住宅の敷地が遺産の大半を占めるケースが多いですから、その評価額が時価（路線価評価額）の8割引にしてもらえたら、課税される遺産の額は相当低くなるわけです。税務相談における私の経験でも、「大丈夫です。とくに対策を打たなくても、相続税はかかりませんよ」とお伝えすると、うれしいようながっかりしたような顔をされる相談者が結構いらっしゃいます。

相続税対策を考えるのなら、まずは現状分析。現在の我が家の財産一覧表を作成し、誰か専門家に見てもらって相続税の試算をしてみましょう。相続税は、思ったほど高くはないかもしれません。

誤解② 配偶者が遺産相続すれば相続税はほとんどかからない

「相続税は高いらしいが、でも妻に相続させればほとんどタダなんでしょう?」

これも多くの方から異口同音に発せられる言葉です。確かにそのとおりで、詳しくは211ページでご説明しますが、配偶者が相続する財産のうち法定相続分（通常は全遺産の2分の1）または金額にして1億6千万円のいずれか多いほうまでの部分については、相続税がかかりません。これは、夫婦の財産は夫婦2人の協力によって形成されるものだから、片方が亡くなったときの遺産の半分はもう片方のものである、という考え方によるものです。

このことをうろ覚えに覚えていて、自分が死んだら遺産はすべて妻に相続させれば税金対策なんて必要ない、と思い込んでいる人がいるようです。財産額がそれほど大きくなければこの考え方もあながち間違いとは言い切れませんが、しかしある程度の資産家の場合、ましてや生き残る予定の配偶者がすでに相当の財産を蓄えている場合には、このプランは逆効果となることがあります。いわゆる「二次相続」の問題があるからです。

相続税は累進税率を採用していますので、1人の人に財産が集中すると税率が高くなります。**このため、もともと相続税がかかるほど財産を所有している人が配偶者の死亡によってその財産を引き継いだら、既存の財産に新たな財産が上積みされることになるわけですから、次にその配偶者が死亡したときの税負担が大きくなることは自明の理です。**しかも二次相続においてはすでに配偶者がありませんから、配偶者の税額軽減規定も適用できません。

このように考えると、いくら最愛の妻であっても一次相続において配偶者に相続させることばかりを優先させたら、税金面での負担は必要以上にふくらむ危険性があることがわかります。二次相続までをも視野に入れたトータルの税負担を念頭に置くことが大切です。

誤解③　妻や子ども名義で預金すれば相続税の対象にならない

ここまでに何度もお伝えしてきたことですが、子どもに100万円の贈与をすることと子どもの名前で100万円の預金を作ることはイコールではありません。前者は「贈与」、後者は

「名義借り」です。そして「贈与」に該当するものは、その贈与者の財産から除外されますのでその人が亡くなったときに相続財産にカウントされることはありませんが、「名義借り」の預金は他者の名前を借りた自分の財産ですから、相続財産に取り込まれてしまいます。ですから結論として、「妻や子どもの名前で預金しておけば相続税の対象にならない」という考え方は誤り、ということになります。

世間ではこの両者の違いを混同して、「名義借り」の預金を作ればそれで「贈与」したことになると勘違いしている人がものすごく多いようです。100万円を本当に贈与したのなら、そのお金を定期預金にするか、あるいは株式を買うか、もしかしたら海外旅行でパァーッと使うかは贈与を受けた人の自由なはずで、贈与をした人の意思がそこに入り込む余地はありません。

でもそれは困る。自分の大切なお金を子どもに分け与えたいと思ってはいるが、それは本当は自分が死んだあとのことであって、いま勝手に使わせる気はない。でも最後はこの子にあげるのだから、今の段階でこの子の名義にしておこう、というのが本音でしょう。しかし残念ながら、そのような預金はいくら作っても相続税対策にはなりません。**相続税対策のために親族名義の預金を作るのなら、本当に贈与してしまう、すなわち通帳も印鑑もその相手に渡してしまうことが必要なのです。**

誤解④　子ども名義で預金すれば贈与したことになる

「何歳以上の子どもだったら大丈夫ですか？」。これは子どもや孫にお金を贈与しようと考えている親御さんからよく受ける質問です。赤ん坊の名前で預金を作っても「名義預金」と認定されて相続税対策にならない、ということを勉強されている方から出てくる疑問ですね。

法律上は、「何歳以下は認めない」というような決まりはありません。贈与は契約行為なので、贈与をする人と贈与を受ける人がお互いにその事実を認識し、実際に財産の移転があれば贈与という行為は成立します。だから贈与を受ける子どもが、両親や祖父母からお金をもらったんだ、それが自分のものになったんだ、と認識できる年齢に達していればいい、ということです。もっともお小遣いやお年玉程度の金額では相続税対策にはならないでしょうから、やはり50万円、100万円レベルの金額を想定することになるでしょう。そうなると、たとえ認識できるとしてもそんな大金を渡していいのか、という問題が生じます。

このように考えると、最低でも高校卒業程度、一般常識としては大学生や社会人になる年齢と考えるべきではないでしょうか。ですから、小中学生程度の子どもの名前でいくら預金しても、それが贈与として認められる可能性は極めて少ないでしょうし、まして生まれたばかりの赤ん坊の名前で預金するなど、相続税対策としてはほとんど意味がありません。

ちなみに、幼い子どもの名前で銀行に口座を開設することは可能で、親の免許証や保険証などを提示し、姓と住所の一致が確認できることが条件とされているようです。

誤解⑤ 妻や子どもにどんどん贈与すれば節税できる

親が相続税対策を考える高齢になる頃には、その子どもたちも中年の領域に達しているでしょう。したがってその段階で子どもに生前贈与をするなら、前記④のような年齢の心配もありませんし、贈与を受けた子どもにもお金のありがたみがよく理解できるわけです。このような背景から、相続税について真剣に対策を検討している家庭では、夫から妻へ、あるいは親から子へと生前贈与を行なうケースが少なくありません。

最近は親の世代から子どもの世代への財産の移転を促し、若い世代の消費意欲を刺激して景気を回復させようとする政策が導入されるくらいですから、こういった生前贈与が行なわれること自体はたいへん結構なことです。しかし同時に、相続発生直前に行なわれる目に余る節税対策には一定の歯止めをかけなければなりません。そこで、このような考え方から制度化されているのが「生前贈与加算」という規定です。

これは、相続または遺贈により財産を取得した人がその亡くなった人から相続開始前3年以内に贈与を受けていた場合には、その受贈額を相続財産に加算して相続税の計算をしなければならない、とする規定です。すなわち亡くなる以前3年以内になされた贈与は、やらなかったのと同じことになってしまうわけで、相続税対策としての効果を発揮しないということを意味します。つまり「贈与をすれば相続税が節税できる」のは、亡くなるより3年を超える昔に行なわれたものに限られる、というわけです。何ごとも早めの対策が必要だ、ということですね。

ただし贈与税の配偶者控除（217ページ参照）と住宅取得資金の贈与特例（215ページ参照）の適用を受けて非課税とされた金額は、この生前贈与加算の対象にはなりません。これらの規定は、相続税対策としても抜群の効果があることがわかります。また相続において財産を取得しない人が生前に贈与を受けた金額についても、加算の対象とはされませんので、このあたりに節税のヒントがあるということは言えるでしょう。

誤解⑥　111万円で贈与税の申告をすれば大丈夫

せっかく家族の名前で預金しても前記のように税務署に簡単に否定されてしまうかもしれないから、それならあえて贈与税の基礎控除額の110万円を超える111万円で贈与税の申告をしておけば大丈夫、と考える人がいるようです。私自身、そういう指導をする人を見かけたこともあります。111万円マイナス110万円で課税対象額が1万円、この場合の税率は10%だからわずか1千円の負担で贈与が確実になる、というわけです。

しかし残念ながら、この方法にはほとんど何の意味もありません。たとえば親が小学生の子どもの名前で111万円の預金を作り、翌年3月に親自身が贈与税の申告書を作成して税務署に届けたとしましょう。すなわち子どもは、自分の名前で預金が作られたことも、ましてや贈与税の申告書が提出されたことも、ほとんど理解していないわけです。ちなみに贈与税の申告は贈与を受けた人が行なうこととされていますが、そこに押印するのは認印ですから親が子どもの申告書を勝手に作成してしまうことが可能です。このような場合、子どもの名義の預金は、通帳も印鑑も当然に親が管理していることでしょう。

こういったケースでは、今までの説明で十分ご理解いただけると思いますが、その預金の実質的な所有権は子どもに移転していません。すなわち贈与の事実そのものが存在していないのです。**贈与税の申告書を提出しても、後に残るのは111万円の贈与の「申告をした」という事実だけで、そのことが財産の移転を保証するものではありません。ですからこのような「対策」にはほとんど意味がないのです。**

逆に税務署は、110万円以内の資金移動があり、しかもその移動相手が一定年齢に達していて、移動されたお金が贈与を受けた人の管理下に置かれていることを確認すると、黙っていても名義預金から除外してくれます。要するに問題は、本当に贈与が行なわれて支配権が相手に移ったかどうか、ということなのです。

誤解⑦　死にそうになったら銀行預金はおろしたほうがよい

「お父さん危ないの？　だったら銀行預金は早めにおろしちゃったほうがいいですよ」。

周囲からこういう「指導」を受ける人はかなり多いようです。すでに説明したように、銀行の預金口座はその預金者の死亡が確認された時点で凍結されてしまいます。相続開始後に相続人の誰かが預金をごっそりおろしてしまったら相続人間でのトラブルの元となりますので、金融機関もこれに対処することにしているわけです。相続人全員の合意が整って、その預金を誰が相続するかが決まるまでは、引き出しには一切応じてくれません。

したがって、病院の支払や葬儀費用など当座の支払のためにある程度の手許現金を用意しておくのは当然に必要なことなので、そういう意味で「早めにおろしちゃったほうがいい」というのはもっともな話でしょう。

ところがこの話にはいつの間にか尾ひれがつき、「早めにおろしちゃえば相続税がかからない」という拡大解釈がされることがあるようです。確かに亡くなった日の預金残高は、金額も確かな、明らかな相続財産です。だからその残高を少なく見せれば相続税も安くなる、という発想が働くのかもしれません。

しかし税務署はそこにこそ目をつけています。第1部の物語にもありましたように、**相続開始直前に引き出されたお金は、その行方が徹底的に追求されます。税務署が見ているのは、亡くなった日の預金の残高証明書だけではありません。**みなさんの手許にある預金通帳と同じものを、すなわち預金取引の明細のすべてを、調査官は把握しているのです。ですから相続税を逃れるためだとしたら、預金の引き出しなどというムダなことはしないほうが賢明です。

誤解⑧ 現金に相続税はかからない

これは「誤解⑦」とほぼ同じ次元の話ですが、おそらく、現金には名前が書いてないから誰のものかわからない、という発想から出てくるアイデアだろうと思います。たしかに現金という財産は企業会計においても管理がむずかしく、あたかも水のような性質を持っています。

コップに入れておけば静かで無害ですが、ちょっと目を離すといつの間にか音もなく蒸発してしまうし、外へこぼそうものなら元へ戻ることはまずあり得ません。決算期末に会社の金庫の中にいくらの現金が入っていたのかを調べるには、金種表をつけて複数の人がこれをチェックするシステムでも導入しない限り、後になってから検証することはまったく不可能です。

相続税においてもこれと同様のことが言えるわけで、亡くなった日にその人の所有にかかる現金がいくらあったのかは、おそらく亡くなった当人にもわからないでしょう。日頃使っている財布、自宅の金庫、あるいはタンスの引き出しの中など、現実にはあちらこちらに現金は散在しているでしょうが、その程度のものはいくらかき集めても大した金額にはならないし、それを言うなら衣服や家財道具、庭の植木や石灯籠などはどうするんだ、という話になってしまいます。実務的にはこれらの家庭用財産は、すべてまとめて「〇万円」ということにして申告しておけば問題になることもありません。

ただし第1部の物語のように貸金庫の中に1千万円以上もの現金が入っていたというときは、話が違ってきます。そしてこのような場合には、お金が道に落ちていたわけではないのですから、その所有者が誰であるかわからないということはまずあり得ないはずです。1円単位の正確な残高はわからなくても、その前後のさまざまな状況により、相続財産となる現金残高はある程度特定されてしまうでしょう。ですから、現金に相続税はかからないというのも、やはり間違った認識なのです。

誤解⑨　土地を買えば相続税が節税できる

銀行預金は預金通帳等を見れば残高が一目瞭然であり、これほど価値がわかりやすい財産もありません。しかし土地や建物、ゴルフ会員権、美術工芸品などの財産には値札がついていないので、その価値をいくらと値踏みするかはなかなかむずかしい問題です。同じ財産でも、人によってその見立ては大きく異なるでしょう。

そこで相続税では、このような現物財産については大方の不満が出ないようにするため、実際の市場価格よりも多少低めの値段で評価するしくみになっています。たとえば土地の評価において採用されている「路線価」は、だいたい時価相場の80%から90%程度に設定されているようですし、ゴルフ会員権などは市場流通価格の70%相当額で評価することが決まっています。

すなわち、こういったしくみに着目するなら、財産はなるべく不動産などの現物資産で持っているほうが相続税対策としては有利である、ということになります。不動産業界では「節税対策」という言葉が非常に効果的なキャッチフレーズであり、とくに賃貸マンションやテナントビルなどは、人に貸すことでその評価額がさらに引き下げられるため、顧客を引きつける上では最高の殺し文句となっているようです。

たしかに賃貸用不動産は、同じ価値の金融資産に比べると20%から30%程度は評価額が下がります。その点では大きな節税効果があるのは事実ですが、しかし同時に忘れてならないのは、不動産に投資したらその分だけ手許の現金がなくなってしまう、ということです。ローンで購入するという手もありますが、毎月の返済のことを考えれば、やはりキャッシュフローの心配をしなければなりません。不動産投資による節税策は、常に手許資金の減少とのたたかいです。両者のバランスをしっかり見極めることが大切です。

誤解⑩　同じ敷地内の二世帯住宅なら土地の評価額は安くなる

亡くなった方が住んでいた家の敷地は、その家に居住を継続する親族が相続する場合には、原則としてその評価額を80％引きにしてくれる「小規模宅地の特例」の適用を受けられます（208ページ参照）。したがってたとえば、長男夫婦が親所有の土地の上にある建物に同居している場合には、この特例の恩恵に浴することができるわけです。ただし同じ敷地内に住んでいれば何でもオーケーというわけではなく、その居住の形態によっては適用が受けられない部分が生じてしまうこともありますので注意が必要です。

たとえば一棟の住宅があって、その中に親夫婦と子ども一家の2つの家族が一体となって居住している場合には、とくに問題はありません。その敷地については、面積の上限はありますが、そのすべてが小規模宅地の特例の対象として取り扱われます。しかし、家の中でそれぞれの家族の行き来ができない、いわゆる完全分離型の二世帯住宅の場合には、平成25年12月31日までの間に開始する相続については、その子どもが取得する部分の敷地については小規模宅地の特例の対象になりません。

すなわち原則的な考え方は、亡くなった人が自分の居住用として利用していた土地のうち、同居する親族が取得する部分だけを特例の対象にしよう、ということなのです。

しかしこの厳格な考え方も、平成26年1月1日以降の相続からは若干緩和され、親世帯の部分も子ども世帯の部分も、ともに小規模宅地の対象としてよいことになります。ただし注意しなければならないのは、この緩和は「1棟の二世帯住宅」についてのみ適用されるということです。したがって被相続人所有の1つの敷地の上に、親の住む家と子どもの住む家がそれぞれ別々に2棟立っている場合には、子どもが取得する部分の土地についてはやはり適用が受けられませんので、ご注意ください。

誤解⑪　不動産は子ども全員の共有にすれば公平だ

「子どもにはすべて平等にしたいから、我が家の敷地は2人の子どもに2分の1ずつ相続させるのが一番円満だ」。このように考えている方をときどきお見受けしますが、私はこの考え方にはまったく賛成できません。というより、私の経験では、不動産を共有にしてうまくいった試しがない、と言い切ってもいいくらいです。

親子の関係は「縦」の上下関係ですから、子どもは基本的に親に従います。だから親子の共有で不動産を購入してもトラブルになることはほとんどありません。そもそも普通は親が先に死ぬのですから、親の持分はいずれ子どものものになるわけで、子どもにとってあまり心配することもないわけです。

ところが兄弟という「横」の関係はお互いに対等です。そして世代交代のたびに縁が遠くなっていくわけで、相手の持分が自分のところに転がり込んでくるということは原則として永遠にあり得ないのです。ちょっと仲違いでもしたら、「呉越同舟」の戦争状態に突入してしまうでしょう。どちらか片方がお金が必要になったのでその不動産を売却したいと思っても、共有者の兄弟が「いやだ」と言えば、その願いは絶対に実現しません。建物を建て替えようと思っても、共有者にその資金がなければこれも叶わないわけです。

このように考えると、**仲の悪い者同士で共有する不動産は、事実上、何も前に進めることのできない不良資産になってしまいます**。親の考えで複数の不動産をすべて共有にさせられたため、何年もかかってお互いの持分を交換する苦労をしている人があちらこちらにいらっしゃいます。公平というのは、何でも半分ずつにすることではありません。子どもたちがお互いの独立性を守れるような分割の仕方を考えるほうが、よっぽど賢明ではないでしょうか。

誤解⑫　遺産は法定割合で分けなければいけない

妻の相続分は2分の1、子どもたちはその残りを均等に分ける、という民法の相続分の規定はもはや常識となり、多くの方がご存じです。しかしこの規定が何のために存在しているのかについては、あまり理解されていないようです。「法定相続分」という言葉の重みのせいか、その割合のとおりに財産分けをしなければいけない、と思い込んでいる人もあるようですが、実際はそうではありません。「法定」とは、民法が定めたという意味であって、そのとおりにしなければならないということではないのです。

法定相続分は、最後の砦のようなものです。亡くなった人が遺言書を残しているなら、その遺言が優先されます。たとえば子ども3人が相続するとして、親がすべての財産を長男に譲るという遺言を残したとしたら、ほかの2人が文句を言わないならそのとおりに実現できます。法定相続分を守る必要はありません。ただしこのようなアンバランスなやり方だと普通はトラブルになりますから、遺言で不利益を被った相続人には「遺留分」という権利が確保されています。

また相続人全員で遺産の分割協議を行ない、法定相続分ではない分割比率で遺産分けをすることも可能です。たとえば母と子ども2人が相続するときに、全財産を母が相続することに子どもが同意して遺産分割協議書に押印するのなら、その方法で分割することが可能です。やはり法定相続分を守る必要はないのです。

すなわち法定相続分とは、遺言書がなく、相続人間で遺産の分け方についての協議が整わないときに初めて登場するルールなのです。したがって相続人同士で争いがあるときには法定相続分を基準として調整を図ることになりますが、それ以外の円満な協議ができるときは、法定相続分を気にする必要はありません。

誤解⑬　遺言書は絶対だ

前出⑫では、法定相続分は必ずしも守らなくていいのだという説明をしましたが、それでは亡くなった方が遺言書を残していた場合には、その遺言はやはり絶対に守らなければいけないのでしょうか。

実はこれも、必ずしも絶対とは言えません。もちろん財産の所有者がその配分方法を指定したのですから、その考え方は最大限に尊重されるべきであり、したがってなるべく遺言どおりに財産分けを進めるべきであることは言うまでもありません。**しかし相続人の全員が、遺言とは違う方法で分割することに合意するなら、分割協議書を作成して自分たち**

の考えどおりに財産分けをすることが可能です。

たとえば夫がすべての財産を妻に譲るという遺言を残したとしても、二次相続のことを考えると子どもたちがある程度相続しておいたほうが良さそうだという結論に達したとしたら、そのやり方で遺産を分割し、それに基づいて相続税の申告をすることは差し支えない、ということなのです。

もっとも多くの場合において、遺言で財産の取得を指定された人は遺言書に基づいて名義書換を進めますし、指定されなかった人は遺留分を主張するというプロセスをたどりますので、親族間に争いがあるときは、遺留分を犯さない限りにおいては遺言の内容は絶対である、ということになります。

誤解⑭　「相続放棄」と「ゼロ相続」は同じこと

相続人の中に財産をもらわないことを選択する人がいるとき、一般に「私は放棄します」という言い方をします。すなわち、何ももらわないことと相続放棄を同じ意味で捉えているわけです。しかし正しくは、「相続放棄」と「ゼロ相続」とはまったく違う手続きですから注意が必要です。

相続放棄とは、相続開始があったことを知った日から3か月以内に家庭裁判所に所定の手続きをして認められるもので、これにより初めから相続人でなかったものとみなされるという効果を生じます。つまり相続に関しては赤の他人のような扱いになるわけで、故人に財産があっても借金が残っていても一切関係がないものとして取り扱われます。

これに対して「ゼロ相続（こういう専門用語があるわけではありません）」とは、遺産の分割協議には参加するけれども、何も相続しないことを了承するということであり、相続放棄のように特段の手続きをすることもありませんし、立場としては他の相続人とまったく同じです。したがって自分は何ももらわないけれども、遺産分割協議書には連名で実印を押印し、その分割協議を承認するという手続きを踏むことになります。

「何も要らない」というとき、一般的には余計な手続きを必要としない「ゼロ相続」を選択することが多いでしょう。しかし亡くなった人に借金が残っていたときには、相続放棄の手続きを取っていないと、その債務を引き受けざるを得ない事態に至ることもありますので注意が必要です。

6 相続税の課税のしくみと一般的な節税策

課税のしくみ

自分の家の相続税のことを考えるには、まず、相続税の計算の大まかなしくみを知ることが必要です。所得税の確定申告や年末調整などの計算などに比べると、あまり目にする機会がない内容であるだけに少し難易度が高いかもしれませんが、ここではそのアウトラインについて説明しておきたいと思います。

①財産の集計

まず大きな前提として、所得税や法人税のような「所得」に対する税金は、1月1日から12月31日までとか4月1日から翌年3月31日までなどの「期間」を計算の単位としてい

〔相続税の課税のしくみ〕

①財産の集計

②相続時精算課税適用財産の加算

③債務及び葬儀費用の控除

④生前贈与額の加算

⑤基礎控除額の控除

⑥相続税の総額の算出

⑦各相続人の相続税額

⑧税額控除額の控除

ます。そしてその期間内に発生したさまざまな所得を集計し、これに対して税額を計算していくというステップを踏むのです。贈与税も同じで、1月1日から12月31日までの1年間という期間内に贈与を受けた財産額をすべて集計し、その総額に対して納める税額を計算するしくみです。

これに対して相続税には、「期間」という概念はありません。「期間」ではなく「時点」がすべての軸となります。**すなわち人が亡くなったら、その亡くなった日（相続開始日）においてどれだけの財産を有していたか、そこからマイナスすべき債務はいくらあったか、を考えるということです。**このことをしっかり理解してください。

人が亡くなったあとも、その人の財産は変

動します。銀行口座からは光熱費やクレジットカードの利用代金などがしばらくの間は引き落とされるでしょうし、手許現金も葬儀代を支払ったり香典の入金があったりして、かなりの出入りがあります。また何もしなくても、株価などは毎日変動しています。相続開始日には1千万円の価値があった株式も、その直後に大暴落があれば500万円になってしまうかもしれません。

このように親族が遺産の分割協議をする時点では、財産の総額は死亡日の状況からは変化しているはずです。でもとにかく、すべてを相続開始日で考えます。今は500万円の価値しかない株式も1千万円の価値があるものとして計算していく、ということです。ですから金融機関から残高証明書などを取り寄せるときは、すべて相続開始日のもので手配しなければなりません。

以上を前提として、相続開始日の財産額を集計していきます。専門知識のない方がこれを行なうのはなかなかたいへんですから、あくまでイメージだけをお伝えします。

●**土地**…都市部の土地は、「路線価」に地積を乗じて算出する。ただし土地の形状や接道の状況により一定の調整計算がある。都市部以外の土地は、固定資産税評価額に所定の倍率を乗じて算出する。算出された評価額は更地としての評価額なので、貸し地、借地権、貸家建付地など利用の状況によっては一定の減額をする。なお「小規模宅地の特例」の適用がある土地については、そこからさらに減額がある（208ページ参照）

●**建物**…固定資産税評価額による。ただし賃貸している建物については、借家権割合（原則として30％）を控除する

●**預金等**…相続開始日現在の残高による。ただし固定性預金等については、相続開始日に解約するものとした場合の利息相当額を加算した金額による

●**上場株式**…相続開始日の終値、その月の終値の月中平均額、その前月の終値の月中平均額、その前々月の終値の月中平均額、の4つのうち一番低い額による

●**生命保険金等**…受け取った生命保険金から、「500万円×法定相続人の人数」で計算した金額を控除し、残額があればその残額による。死亡退職金についても同様の計算を行なう

●**ゴルフ会員権**…相続開始日における取引相場額の70％相当額による

●**その他の財産**…原則として相続開始日の時価による

②相続時精算課税適用財産の加算

相続時精算課税の適用を受けていた親族がある場合にはその生前贈与額を加算する。

③債務及び葬儀費用の控除

亡くなった人に関わる相続開始日現在で支払の済んでいない債務を集計し控除する。住宅ローンの残高、死亡後に支払われた入院費や光熱費・電話料金、納付の済んでいない固定資産税・所得税・住民税などの諸税、などがこれに該当する。また葬儀費用も集計して控除する。葬儀費用には通夜及び葬儀の費用、読経料、戒名料などが含まれるが、初七日以降の法事の費用、香典返しの費用、墓地の購入代金などは含まれない。

④生前贈与額の加算

②以外の遺産を相続する人が相続開始前3年以内に被相続人から生前贈与を受けていた場合には、その贈与額を加算する。

⑤基礎控除額の控除

（①＋②－③＋④）の金額から、さらに次の基礎控除額を控除する

平成26年12月31日以前に開始する相続

5千万円＋1千万円×法定相続人の数

平成27年1月1日以降に開始する相続
3千万円＋600万円×法定相続人の数

⑥相続税の総額の算出

①＋②－③＋④－⑤で計算された課税遺産総額（A）に対して、次ページの手順で「相続税の総額」を算出する。

⑦各相続人の相続税額

⑥で算出された相続税の総額は、各相続人が実際に遺産を相続する割合に応じて負担する。それを試算例で示したのが203ページの5の部分である

各相続人が負担する税額
相続税の総額⑥×その人の相続する額／遺産の総額

なお財産を取得する人が被相続人の一親等の血族及び配偶者以外である場合には、その

相続税の総額の算出法

⑴法定相続分に応じた、各相続人ごとの計算上の取得財産額を算出する

(A)×各相続人の法定相続分

⑵⑴に相続税の税率を乗じて計算した各相続人ごとの計算上の相続税額を算出する

⑴×相続税の税率－控除額(下記速算表参照)

⑶相続税の総額を算出する

各相続人ごとの⑵の金額を合計した金額

なお相続税の速算表は下記のとおりである。

(a)平成26年12月31日以前に開始する相続

課税対象額(上記⑴)	税率	控除額
1,000万円以下	10%	−
3,000万円以下	15%	50万円
5,000万円以下	20%	200万円
1億円以下	30%	700万円
3億円以下	40%	1,700万円
3億円超	50%	4,700万円

(b)平成27年1月1日以降に開始する相続

課税対象額(上記⑴)	税率	控除額
1,000万円以下	10%	−
3,000万円以下	15%	50万円
5,000万円以下	20%	200万円
1億円以下	30%	700万円
2億円以下	40%	1,700万円
3億円以下	45%	2,700万円
6億円以下	50%	4,200万円
6億円超	55%	7,200万円

ある家族の相続税額試算例

遺産額が5億円で、相続人が配偶者と子どもA・B(いずれも成人)の3人の場合、平成27年1月1日以降に開始する相続にかかる相続税の納税額は下記のように算出されます。

なお遺産は、配偶者が1億円、子どもAが4億円相続し、子どもBは何も取得しないものとします。

1 遺産の総額 500,000,000円

2 基礎控除額 30,000,000円＋600万円×3人＝48,000,000円

3 課税遺産総額 1－2＝452,000,000円

4 相続税の総額

妻分：452,000,000円×1／2＝226,000,000円
226,000,000円×45％－27,000,000円＝74,700,000円
子ども分：452,000,000円×1／2×1／2＝113,000,000円
113,000,000円×40％－17,000,000円＝28,200,000円
税額合計：74,700,000円＋28,200,000円×2人＝131,100,000円

5 各相続人に割り振られる相続税額

妻　：131,100,000円×1億円／5億円＝ 26,220,000円
子どもA：131,100,000円×4億円／5億円＝104,880,000円
子どもB：131,100,000円×0／5億円＝0円

6 各相続人の納税額

妻　：26,220,000円－26,220,000円(※)＝0円
※配偶者の税額軽減額
(取得財産が1億6千万円以下なので、相続税額の全額が控除される)
子どもA：104,880,000円
子どもB：0円

者の税額は計算された税額の2割増しとされる。

⑧税額控除額の控除

⑦の計算で各相続人に割り振られた税額からは、その相続人の状況に応じて、さらに（ア）贈与税額控除、（イ）配偶者の税額軽減、（ウ）未成年者控除、（エ）障害者控除、（オ）相次相続控除、（カ）外国税額控除などが控除される。

納税額の目安表

ここまでのプロセスをごらんいただければおわかりのとおり、相続税の計算のしくみはなかなか複雑であり、一般の方がこれを短時間で理解するのは容易なことではありません。また現実問題として、第1部の今野家のように相続税の申告を自分たちの力だけで成し遂げる人は決して多くはないでしょう。

そうであれば、一般の方にとって必要な情報は、相続税の細部にわたる知識ではなく、「どのくらいの遺産があるとどのくらいの相続税がかかるのか」という大雑把なイメージであるはずです。

そこで、ここでは、遺産の金額ランクごとの納税額のめやすを掲げることにしました。参考にしていただければ幸いです。

配偶者と子どもが相続する場合の相続税額

（2014.12.31以前）　　（単位：万円）

遺産額	配偶者＋子1人		配偶者＋子2人		配偶者＋子3人		配偶者＋子4人	
	課税対象額	税額	課税対象額	税額	課税対象額	税額	課税対象額	税額
1億円	3,000	0	2,000	0	1,000	0	0	0
2億円	13,000	500	12,000	380	11,000	325	10,000	270
3億円	23,000	2,707	22,000	2,147	21,000	1,867	20,000	1,680
4億円	33,000	4,900	32,000	4,050	31,000	3,525	30,000	3,250
5億円	43,000	6,900	42,000	5,850	41,000	5,275	40000	4,750
6億円	53,000	8,900	52,000	7,850	51,000	7,025	50,000	6,500
7億円	63,000	11,050	62,000	9,900	61,000	8,825	60,000	8,250
8億円	73,000	13,550	72,000	12,150	71,000	11,075	70,000	10,250
9億円	83,000	16,050	82,000	14,400	81,000	13,325	80000	12,250
10億円	93,000	18,550	92,000	16,650	91,000	15,575	90,000	14,500
20億円	193,000	43,550	192,000	40,950	191,000	38,350	191,000	37,000

（2015.1. 1以降）　　（単位：万円）

遺産額	配偶者＋子1人		配偶者＋子2人		配偶者＋子3人		配偶者＋子4人	
	課税対象額	税額	課税対象額	税額	課税対象額	税額	課税対象額	税額
1億円	5,800	0	5,200	0	4,600	0	4,000	0
2億円	15,800	0	15,200	540	14,600	487	14,000	450
3億円	25,800	3,229	25,200	2,669	24,600	2,371	24,000	2,193
4億円	35,800	5,460	35,200	4,610	34,600	4,155	34,000	3,850
5億円	45,800	7,605	45,200	6,555	44,600	5,963	44,000	5,500
6億円	55,800	9,855	55,200	8,680	54,600	7,838	54,000	7,375
7億円	65,800	12,250	65,200	10,870	64,600	9,885	64,000	9,300
8億円	75,800	14,750	75,200	13,120	74,600	12,135	74,000	11,300
9億円	85,800	17,250	85,200	15,435	84,600	14,385	84,000	13,400
10億円	95,800	19,750	95,200	17,810	94,600	16,635	94,000	15,650
20億円	195,800	46,645	195,200	43,440	194,600	41,183	194,000	39,500

※上記税額は、配偶者の税額軽減規定を最大限に利用したものとして算出しています。

子どものみが相続する場合の相続税額

（2014.12.31以前）　（単位:万円）

遺産額	子1人		子2人		子3人		子4人	
	課税対象額	税額	課税対象額	税額	課税対象額	税額	課税対象額	税額
1億円	4,000	600	3,000	350	2,000	200	1,000	100
2億円	14,000	3,900	13,000	2,500	12,000	1,800	11,000	1,450
3億円	24,000	7,900	23,000	5,800	22,000	4,500	21,000	3,500
4億円	34,000	12,300	33,000	9,800	32,000	7,700	31,000	6,500
5億円	44,000	17,300	43,000	13,800	42,000	11,700	41,000	9,600
6億円	54,000	22,300	53,000	17,800	52,000	15,700	51,000	13,600
7億円	64,000	27,300	63,000	22,100	62,000	19,700	61,000	17,600
8億円	74,000	32,300	73,000	27,100	72,000	23,700	71,000	21,600
9億円	84,000	37,300	83,000	32,100	82,000	27,700	81,000	25,600
10億円	94,000	42,300	93,000	37,100	92,000	31,900	91,000	29,600
20億円	194,000	92,300	193,000	87,100	192,000	81,900	191,000	76,700

（2015.1.1以降）　（単位:万円）

遺産額	子1人		子2人		子3人		子4人	
	課税対象額	税額	課税対象額	税額	課税対象額	税額	課税対象額	税額
1億円	6,400	1,220	5,800	770	5,200	630	4,600	490
2億円	16,400	4,860	15,800	3,340	15,200	2,460	14,600	2,120
3億円	26,400	9,180	25,800	6,920	25,200	5,460	24,600	4,580
4億円	36,400	14,000	35,800	10,920	35,200	8,980	34,600	7,580
5億円	46,400	19,000	45,800	15,210	45,200	12,980	44,600	11,040
6億円	56,400	24,000	55,800	19,710	55,200	16,980	54,600	15,040
7億円	66,400	29,320	65,800	24,500	65,200	21,240	64,600	19,040
8億円	76,400	34,820	75,800	29,500	75,200	25,740	74,600	23,040
9億円	86,400	40,320	85,800	34,500	85,200	30,240	84,600	27,270
10億円	96,400	45,820	95,800	39,500	95,200	35,000	94,600	31,770
20億円	196,400	100,820	195,800	93,290	195,200	85,760	194,600	80,500

一般的な5つの節税策

相続税には、法律が認めた節税法があります。奇をてらったものではまったくなく、一定の条件に当てはまれば誰でも正々堂々と利用できる、合法的なプランです。以下にその代表的なものをご紹介しますので、条件に該当する場合には是非とも積極的に利用してください。

①小規模宅地の特例の適用を受ける

相続財産の中に土地（借地権を含む）がある場合、その土地が亡くなった人の居住用や事業用に利用されていたものであれば、一定の条件の下にその評価額を80％減額させることができます。すなわち路線価評価額が1億円の土地でも、相続税の計算上はわずか2千万円の土地としてカウントすることができる、というわけです。

これが「小規模宅地の特例」と呼ばれる規定で、配偶者の税額軽減と並び、相続税の負担を大きく減額させることができる実務的にもっとも節税効果の高い規定です。その具体的な内容は210ページのとおりとなっています（この特例は、居住用の不動産と事業用の不

［一般的な5つの節税策］

①小規模宅地の特例の適用を受ける

②配偶者の税額軽減の適用を受ける

③財産の評価額を引き下げる

④生前贈与により財産を親族に分散する

⑤生命保険を活用する

動産のそれぞれに適用がありますが、紙幅の関係上、ここでは居住用不動産についてのみ触れることにします）。

なおこの規定は、特例の対象となる土地を取得することが確定し、その適用を受ける旨の相続税の申告書を提出した人に対してのみ、適用が認められます。したがって相続税の申告期限までに遺産の分割が整わないときや申告書の提出を怠ったときには適用できませんので、十分ご注意ください。

ただし未分割の場合には、相続税の申告書に「申告期限後3年以内の分割見込書」を添付し、かつ、相続税の申告期限から3年以内に分割が確定した場合には適用が可能です。その場合には、分割が行なわれた日から4か月以内に「更正の請求」を行ないます。

小規模宅地の特例の概要

	改正前	改正後
土地の利用状況に関する要件	被相続人または被相続人と生計を一にする親族が居住用に利用していた土地に限る。なお1つの敷地に家屋が二棟建っている場合、あるいは完全分離型の二世帯住宅が建っている場合には、家屋全体の床面積のうち被相続人が居住用として利用していた床面積に対応する敷地部分に限り適用する。	同左。ただし下記の特例が認められる。 (1)被相続人が老人ホームに入居していた場合でも、下記の要件を満たせば居住用と認める。 ①介護が必要なため入所したこと ②住宅が貸し付けされていないこと (2)完全分離型の二世帯住宅に被相続人とその親族が独立して居住していた場合でも、その全体を居住用宅地として取り扱う。 ※平成26年1月1日以降に開始する相続から適用
取得者に関する要件	下記のいずれかの親族に限る。また、取得者ごとに適用の可否を判定する。 ①被相続人の配偶者 ②被相続人と同居していた親族で、相続開始の時から相続税の申告期限まで引き続きその家屋に居住し、かつ、その宅地等を有している人 ③被相続人の配偶者または相続開始の直前において被相続人と同居していた一定の親族がいない場合において、被相続人の親族で、相続開始前3年以内に日本国内にある自己または自己の配偶者の所有する家屋に居住したことがなく、かつ、相続開始の時から相続税の申告期限までその宅地等を所有している人	
適用面積	240㎡まで	330㎡まで ※平成27年1月1日以降に開始する相続から適用
減額割合	80%	

「配偶者の税額軽減」の概要

①と②のうちいずれか低い金額を配偶者の相続税額から控除する。

$$①相続税の総額 \times \frac{相続税の課税価格の合計額 \times 配偶者の法定相続分（最低1億6千万円）}{相続税の課税価格の合計額}$$

$$②相続税の総額 \times \frac{配偶者の相続税の課税価格}{相続税の課税価格の合計額}$$

②配偶者の税額軽減の適用を受ける

亡くなった方の配偶者が遺産を相続する場合には、その配偶者が負担すべき税額から上図で計算した金額を控除します。これを配偶者の税額軽減といいます。

結果として配偶者が相続する財産については、その法定相続分（最低1億6千万円）に達するまでは相続税がまったく課税されないことになり、非常に大きな節税効果を発揮します。

我が国では伝統的に夫が外に出て働き、妻は専業主婦として家庭を守る、というライフスタイルが続いてきました。このため所得を得る夫名義の財産が大きく形成されますが、これは夫婦2人の協力により実現するものであり、その半分はもともと妻のものである、という考え方も成り立ちます。配偶者の税額軽減は、このような考え方に基づき制度化されているものです。

したがって、いわゆる一次相続においては、配偶者の相続財産が多いほどこの特例の適用により一家全体の相続税の負担が軽減されますので、大きな節税効果をもたらします。

ただしこの規定の適用に当たっては、次の点に注意が必要です。

(ア) 仮装または隠ぺいされた財産は、この規定の対象になりません。したがって税務調査によって発見された隠ぺい財産を配偶者が相続することにしても、税額軽減を受けることはできません。

(イ) この規定は、遺産分割によって配偶者が取得することが確定した財産についてのみ適用が受けられます。このため相続税の申告期限までに配偶者に分割されていない財産は税額軽減の対象になりません。ただし、相続税の申告書に「申告期限後3年以内の分割見込書」を添付し、申告期限までに分割されなかった財産について申告期限から3年以内に分割したときは、その適用を受けることができます。

③財産の評価額を引き下げる

現金以外の相続財産は、すべて金銭に換算した「値段」をつけなければなりません。たとえば「土地50坪」というだけでは遺産の集計ができず、したがって相続税の計算もできないからです。その値付けをすることを「財産評価」と呼びますが、客観的な市場価格が明らかでない財産については意見がわかれ、国が一方的な値決めをしたら国民から不満が噴出する恐れがあります。

そこで土地については、「路線価」という実際の市場価格よりも少し低めに設定された値段で評価することとし、制度の安定化が図られています。また、所有する土地を他人に貸し付けたり、所有地の上に貸家を建築して賃貸などする場合には、その評価額はさらに引き下げられます。同様に、建物については固定資産税評価額が、ゴルフ会員権については取引相場の70％相当額が採用されるなど、いずれの財産も時価よりは多少低めの値段がつけられるようなしくみとなっています。**このように財産の評価額は、現金・預金以外の財産にシフトすると低くなる、という傾向があるわけです。**

相続税の節税をしたければ、持っている財産を消費してしまうのが一番手っ取り早いですが、しかし大切な財産をなくしてしまっては元も子もありません。つまり財産の市場価値はそのままに、相続税の計算をするときの評価額だけを下げられるなら、それに越したことはないわけです。そこで登場するのが財産の組み替えという考え方です。

「財産三分法」という言葉があるように、生活に必要な資金は現金や流動性預金として確保し、当面使う必要がないお金は株式などのハイリターン商品に、長期的に使途のない資金は不動産に投資する、という運用をすれば、運用益を得られ、なおかつ財産の評価額を下げられるというダブルの効果を見込める可能性があります。経済力にゆとりのある方にとって、不動産投資は相続税対策として十分に検討に値するプランだと言えるでしょう。

ただし問題はキャッシュフローとのバランスです。不動産に過剰な投資をしたために日々の生活資金に困るようなことにでもなったら、本末転倒というものです。「三分法」の原則はしっかり守りつつ、適切な範囲での財産シフトを実行したいものです。

④生前贈与により財産を親族に分散する

親族に対する財産の贈与は、即効性のある、とても効果的な相続税対策です。具体的には次のような選択肢があります。

（ア）暦年課税の贈与

贈与税には年当たり110万円の基礎控除があります。すなわち1人の人が1年間に贈与を受ける金額が110万円以下であれば、贈与税はかからないということです。これを贈与する側から見れば、贈与する相手が１人なら110万円、３人いれば330万円まで無税で財産を移転できることを意味します。10年続けたら、その10倍の金額を分散できるのです。こつこつと長期間続ければ続けるほど節税効果が高くなりますので、いずれやるつもりなら早めに着手することが肝要です。

ただしすでに何度も説明してきているように、贈与したつもりの預金が「借名預金」として相続財産に取り込まれてしまったのでは何の意味もありません。贈与相手は一定年齢以上の者に限る、相手が自由に使うことができるようにする、銀行振り込みなどの方法で贈与事実を記録に残す、といった配慮が必要です。

(イ) 住宅取得資金の贈与

前記の「年当たり110万円」の基礎控除の枠を超えて、もっと大きな金額の贈与を受けても贈与税が課税されない特例があります。それがここで説明する「住宅取得資金の贈与」の特例と、次項で説明する「贈与税の配偶者控除」です。

まず「住宅取得資金の贈与」ですが、平成26年12月31日までの間に、父母や祖父母などの直系尊属から住宅を取得等するための資金の贈与を受けた人が、贈与を受けた年の翌年

3月15日までにその資金を自己の居宅の取得や増改築等の支払に充てたときは、後述する金額が非課税となります。

なおこの特例の適用に当たっては、贈与を受ける人が次の条件を満たすことが必要です。

- **原則として、贈与を受けたときに日本国内に住所を有すること**
- **贈与を受けたときに贈与者の直系卑属（子または孫など）であること**
- **贈与を受けた年の1月1日において20歳以上であること**
- **贈与を受けた年の合計所得金額が2千万円以下であること**

また取得する住宅は、原則として次の条件を満たすものでなければなりません。なお増改築の場合には、工事費用が100万円以上であることが必要です。

- **床面積が50平方メートル以上240平方メートル以下であること**
- **中古住宅の場合は、築後年数が20年（耐火建築物の場合は25年）以内であること**
- **床面積の2分の1以上が住居専用であること**

住宅取得資金の贈与で非課税になる金額

	省エネ等住宅	省エネ等住宅以外
平成25年の贈与	1,200万円	700万円
平成26年の贈与	1,000万円	500万円

これらの条件を満たす場合には、上の金額が非課税として取り扱われます。

なお、これらの金額は「非課税」枠であり、各年ごとに認められる110万円の基礎控除とは別枠のものです。したがってたとえば平成26年中に省エネ住宅の取得のための資金贈与を受けたときは、実質的な無税額は1千万円（非課税額）＋110万円（基礎控除）により1千110万円となります。

この特例の適用を受けるためには、贈与を受けた年の翌年3月15日までに、一定の書類を添付して贈与税の申告をしなければなりません。

(ウ) 贈与税の配偶者控除

婚姻期間が20年以上の夫婦の間で住宅または住宅購入資金の贈与が行なわれた場合には、贈与税の計算において、基礎控除110万円のほかに2千万円を控除することができます。これが「贈与税の配偶者控除」です。

この制度の適用を受けるためには、次の条件を満たすことが必要です。

・夫婦の婚姻期間が20年以上であること
・贈与を受ける者が住む住宅、または住宅を取得するための資金の贈与であること
・贈与を受けた者が、贈与を受けた年の翌年3月15日までにその贈与により取得した不動産に居住し、その後も引き続き居住する見込みであること
・同一の配偶者間で過去にこの特例の適用を受けたことがないこと

なお、住宅とは一般的に建物を中心にした概念ですが、この特例では住宅の敷地だけの贈与でも適用が受けられます。すなわち現在住んでいる家の敷地だけを妻のものにする、あるいは新たに住宅を購入して妻は敷地にのみ持分を持つ、というようなやり方でも大丈夫です。なお、この特例の適用を受けるためには、贈与を受けた年の翌年3月15日までに、一定の書類を添付して贈与税の申告をしなければなりません。

(エ) 教育資金の一括贈与

平成25年度の税制改正で新たに導入されたのが、この「教育資金の一括贈与」の制度です。すなわち平成25年4月1日から平成27年12月31日までの間に、祖父母等の直系尊属が30歳未満の子や孫名義の金融機関口座に教育資金を一括預け入れする形で贈与した場合には、1千500万円（塾や習い事などの学校等以外への支払は500万円）までなら贈与税が課税されません。

この制度の適用に当たっては、まず金融機関に子や孫名義の口座を開設し、その適用を受けようとする子や孫が金融機関に「教育資金非課税申告書」を提出します。そして金融機関は、支払済みの教育費の領収書と引き替えにその資金の引き出しに応じ、あるいは教育費等の請求書に基づきその口座から学校等へその代金を振り込みます。このような形で教育費に使ったことを証明していくわけです。

ただし一括贈与された教育資金は、子や孫（受贈者）が30歳に達する時点までに使い切った部分に限り、非課税の取り扱いとなります。したがって30歳になってもその口座に残高があると、その時点で贈与があったものとして贈与税が課税されますので注意が必要です。

この規定は、平成27年12月31日までの期間限定で受けられる特例措置です。適用を検討している方は、期限内にその手続きをすることが必要です。

(オ) 相続時精算課税制度

相続時精算課税制度とは、親から子へ財産の贈与があった時点では贈与税を課税せず、その代わりに親が亡くなったときにその贈与財産を相続財産に足し戻して税金の精算をしようという制度です。すなわち「相続時」に税金の「精算」をするので、相続時精算課税制度という名前がついているわけです。

相続が発生したときには、この特例の適用を受けてそれまでに贈与を受けた財産は遺産に足さなければならないのですから、財産の分散による節税策という意味では、この制度にはまったくと言っていいほど効果がありません。

しかし、その足し戻す金額は贈与時点での評価額がそのまま適用されることになっています。したがって将来的に値上がりが見込める財産を贈与すれば、遺産に加算される金額は贈与時点のまま固定されるので、値上がり益の部分だけは節税したことになるかもしれません。また賃貸不動産のように収益を生む資産なら、贈与後に実現する収益はすべて贈与を受けた人に帰属することになります。親の財産を増やさないという点で、やはり節税効果を期待することができます。

相続時精算課税制度の適用を受けるためには、次の条件を満たすことが必要です。

・**贈与者は、65歳以上（平成27年1月1日以降は60歳以上）の親であること**
・**受贈者は、贈与者の推定相続人である20歳以上の子（平成27年1月1日以降は孫も可）であること**
（※贈与財産の種類や金額、贈与回数に制限はありません）

この特例の適用を受けた場合には、贈与を受ける金額が2千500万円に達するまでは贈与税は課税されず、2千500万円を超えた場合にはその超える部分に20％の税率を適用した金額を納めます。納税額の具体的な計算のしかたは上のとおりです。

相続時精算課税制度による納税額の計算方法

この制度を選択した親からの贈与

贈与税額＝
（贈与を受けた金額－2,500万円※）×20％
※前年以前に適用を受けた控除額があるときは、
その金額を控除した残額

上記以外の者からの贈与

贈与税額＝
（贈与を受けた金額－110万円）
×通常の贈与税率

⑤生命保険を活用する

保険料負担者が被保険者になっている生命保険契約について、被保険者の死亡により支払われる生命保険金は、相続財産とみなされて相続税の課税対象になります。ただしその評価額は、受け取った保険金から（500万円×法定相続人の数）を控除した残額とされますので、たとえば妻と子ども2人が相続人である場合には、1千500万円（＝500万円×3人）までは課税の対象になりません。このように生命保険金には大きな節税効果がありますが、それと同時に多額の現金を受け取れるというメリットもあります。

相続税の申告では、税負担が大きくなることと同時に、納税資金をどのようにして工面したらいいか、ということが心配の種です。極論すれば、相続は相続人にとって基本的に「棚からぼた餅」なのですから、いくら税金が高いとしても納める資金さえ用意できれば損したことにはならないわけです。この点で生命保険契約には、財産の評価減という効果とともに、納税資金を調達できるという大きなメリットがあります。生命保険を資産運用の1つと考えることは決して悪いことではありません。

おわりに～正しい「相続税対策」５つのポイント～

　ここまで長きにわたっていろいろなお話をしてきましたが、生前の相続税対策に始まり、人の死亡、遺産の分割協議、相続税の申告、そして最後の税務調査に至るまでの、相続税に関する一連の出来事の全体像をご理解いただけたでしょうか。

　1人の人が亡くなり、その財産を次の世代に引き継がせるという作業は、想像以上にたいへんな、知識と時間と労力を必要とする一大プロジェクトです。とくに相続税の申告においては、人の一生の総決算としての財産目録（貸借対照表）を作成し、これをベースにさまざまな財産に評価額を付して集計し納税額を算出するというたいへんハードルの高い作業を乗り越える必要があります。

　そのプロセスでは、相続人間の主張を調整して分割協議をまとめ上げなければなりませんし、また納税額の計算においては「小規模宅地の特例」や「配偶者の税額軽減」などの、時として千万円単位、億円単位の税額を変動させるような特例の適用可否を判断する必要も生じます。一般の方が付け焼き刃の知識で挑戦するには、あまりにも難易度が高いといって過言ではないでしょう。

また税務署に提出された申告書は、税金のプロである税務署員によって細部に至るまでチェックされます。そしてその内容に誤りや問題があれば、訪問調査というプロセスを経て、必ず是正させられることになります。**つまり自分たちの行なった対策や申告が正しかったのかどうかの結論は、相続税対策の立案の時期からカウントすれば少なくとも数年後、長いときには10年以上の歳月を経て、やっと判明することになるわけです。**そのときどきの思いつきや軽はずみな気持ちで講じた対策では、おそらく通用させるのはむずかしいでしょうし、そもそも自分自身がやったことを覚えていられるかどうか、それを相続人に正しく伝達できるかさえ怪しいのではないでしょうか。

このような次第ですから、相続税対策について考えるには周到な計画と準備が必要です。プランニングに当たっては、次の点に十分配慮して作業を進めるようにしたいものです。

①「〜だったことにして」はやめる

相続税対策で一番困るのは、事実をねじ曲げて自分たちの都合のよいように解釈を変えてしまうことです。その代表的なものが親族名義の預金で、子どもや孫の名義で預金を作るけれどもその時点では本当に渡してしまうつもりはない、つまり「贈与したことにして」自分が管理し続け、時と場合によってはそれを再び自分の名義に戻してしまう余地を残しておく、というようなやり方です。このようなケースでは、そのほとんどにおいて名義人とされた人に預金の贈与を受けた認識がないため、贈与という「契約」に関して法律が求める要件を満たしていないことになるのです。

所有権の帰属先に曖昧さを残すこの種の財産は、自分の死後、親族にとっても解釈に困るものとなるでしょう。ときとして遺産分割の争いの種となる可能性もあります。また税務調査においても必ず問題視されるはずです。他日に禍根を残さないためには、贈与するなら本当に贈与してしまう、すなわち印鑑も通帳も相手に渡し、誰が見ても所有権が移ったことが明らかになるようにしておくことが大切です。

②遺言より生前の教育を

遺言書は、自分の死後に自分の財産の処分の仕方を決めることができる、とても大きな威力を持った文書です。そしてそれだけに、その文書の解釈を巡って親族同士が骨肉の争いを演じる事態も生じてしまうわけです。ですからもし遺言書を残すのであれば、その意図がはっきり伝わるような明快な記述を心がけ、また法的に効力を発揮できる要件を満たすように万全の準備を整えておく必要があります。

しかしそれでも、遺言書は一方通行の手紙です。自分がこの世を去った後に配偶者や子どもたちがその内容を知って、怒ったり、喜んだり、悲しんだりしたとしても、その疑問に答えることもできなければ、理由についての説明を加えることもできません。確かに遺言書の効果は絶大ですが、だからこそ親族に対する生前の教育、そして可能な限りオープンな会話が大切なのです。

もっとも理想的なのは、家族間でしっかりとした話合いができており、亡くなる人が生前に希望していたことを親族の全員が承知していて、その希望どおりにあたりまえのように分割が行なわれていく、そして遺言書は伝家の宝刀としていざというときのためにしまっておく、という姿です。

現実はなかなか理想どおりにはいかないでしょう。しかし、分をわきまえる、相手の立場になって物事を考える、必要以上の欲をかかない、家族は皆仲良くする、という人生の処し方を子弟にしっかり教育することは、一家の主の務めでもあります。とくに子どもたちに対しては、小さいうちから徹底した道徳教育を施しておきたいものです。

③子や孫の生活を支援する

平成25年度の税制改正で、教育資金の贈与税の非課税制度が導入されました。平成27年12月31日までの時限措置ですが、子や孫に教育資金を「一括」して贈与しても1千500万円までなら贈与税がかからないという、今のご時世にはたいへんありがたい特例です。

しかしこのような親族間の生活費援助に関しては、実は従来から非課税とする規定がありました。相続税法の左記の規定をご覧ください。

（相続税法第21条の3）

次に掲げる財産の価額は、贈与税の課税価格に算入しない。

一　（省略）

二　扶養義務者相互間において生活費又は教育費に充てるためにした贈与により取得した財産のうち通常必要と認められるもの

これを見ればわかるように、「扶養義務者相互間」で、「生活費又は教育費」に充てるためにされた贈与は、「通常必要と認められるもの」であれば、従来から非課税だったのです。

ではなぜ平成25年度の税制改正で、教育資金についてわざわざ新しい制度が制定されたのでしょうか。それは、前記の2番目の理由である「通常必要と認められるもの」を超えた部分についても、非課税の適用を認めることとするためです。従来は、その都度使い切ってしまうお金であれば非課税だけれども、「通常必要」な範囲を超えて、受け取った人が貯金として残せるような金額については課税対象とされていた、ということです。

次の通達も参照してみてください。

（相続税法基本通達21の3－5）

法第21条の3第1項の規定により生活費又は教育費に充てるためのものとして贈与税の課税価格に算入しない財産は、生活費又は教育費として必要な都度直接これらの用に充てるために贈与によって取得した財産をいうものとする。したがって、生活費又は教育費の名義で取得した財産を預貯金した場合又は株式の買入代金若しくは家屋の買入代金に充当したような場合における当該預貯金又は買入代金等の金額は、通常必要と認められるもの以外のものとして取り扱うものとする。

これを裏返して考えると、親族間の贈与でもその都度使い切ってしまう程度のお金であれば、「親族間の扶養義務」を履行したものとして非課税の取り扱いになる、ということです。**すなわち「優しくて気前のいいおじいちゃんおばあちゃん」を演じることが、そのまま相続税の節税策につながっている、ということです。**

孫の学費をその「支払の都度」援助してあげる、病気や出産でお金がかかるときには負担してあげる、おじいちゃんおばあちゃんの主催と費用持ちで家族みんなを旅行に連れて行ってあげる、毎月の食費や光熱費を負担してあげる……。このような資金援助は、援助を受けた側において預金などとして残さないものであれば、親族間の扶養義務の履行ということになり、贈与税の対象になりません。

ご自身の保有資金のレベルにもよりますが、どう考えても死ぬまでに使い切れないお金があるのであれば、立派な財産を残すよりは、元気なうちに散財をして子どもや孫に感謝されるほうが得策かもしれません。

④不動産の共有はやめる

これは税金の話ではありませんが、すでに別のページでも述べたように、兄弟間での不動産の共有はトラブルの元となる可能性があります。相続したあとにすぐに売却し、金銭で分配することが予定されている不動産であれば心配ありませんが、長く使い続けていくとしたら、兄弟が未来永劫、仲むつまじく交際し続けてくれる可能性がそれほど高くないことは、歴史が証明しているからです。

したがって遺す立場から考えるなら、一人ひとりの相続人が独力で財産の管理・処分ができるように、相互の独立性を保つ形での分割プランを立案することです。とくに不動産については、共有での相続は避けたほうがいいでしょう。

⑤専門家のアドバイスを受ける

相続や相続税に関する問題は、日常的に繰り返し経験することはありません。とくに自分自身の親からの相続は、誰もが一生のうちに最大でも2回しか経験しないわけです。それなのにその過程では、親族間の利害調整、税金の申告、不動産や預金の名義書換手続きなど、どこから手をつけていいのかわからない問題が山のように待ち構えています。プライベートな問題であるだけに、知人や友人に相談するのもためらわれるでしょう。

このような状況を考えれば、やはり一度は専門家の門を叩いてみる、ということが必要ではないでしょうか。誰にも相談せず、自分たちの力だけで最後までやり通すのは至難の業です。費用のことが心配であれば、各市町村役場で無料の法律相談や税務相談が実施されています。また弁護士会や税理士会に問い合わせをしてみる、という手もあります。専門家の知り合いがあるなら、是非とも一度は声を掛けてみてください。

ただし専門家に任せきり、というのもよろしくありません。やはり自分自身のことなのですから、いろいろな人に相談をし、時にはセカンドオピニオンを得て、信頼できると感じる人の指示に従いながら自分の考えで一つひとつの物事を決断していく、という姿勢が大切です。

付録

相続税法改正の概要

①平成26年1月1日以降に開始する相続から適用される項目

小規模宅地の特例の適用要件を左記のとおり緩和する

a．一棟の二世帯住宅で構造上区分のあるものについて、被相続人及びその親族が各独立部分に居住していた場合には、その親族が相続または遺贈により取得したその敷地の用に供されていた宅地等のうち、被相続人及びその親族が居住していた部分に対応する部分を特例の対象とする。

b．老人ホームに入所したことにより被相続人の居住の用に供されなくなった家屋の敷地の用に供されていた宅地等は、次の要件が満たされる場合に限り、相続の開始の直前において被相続人の居住の用に供されていたものとして特例を適用する。

イ　被相続人に介護が必要なため入所したものであること

ロ　当該家屋が貸し付け等の用途に供されていないこと

②平成27年1月1日以降に開始する相続または同日以降に贈与を受ける財産から適用される項目

（1）相続税の基礎控除額を左ページ上図のとおり引き下げる

（2）相続税の税率を236ページ上図のとおり引き上げる（2億円超の部分が引き上げ対象）

相続税の基礎控除額の引き下げ

改正前	改正後
5,000万円＋1,000万円 ×法定相続人の数	3,000万円＋600万円 ×法定相続人の数

（3）小規模宅地の特例の内容を左記のとおり拡充する

a．特定居住用宅地等にかかる特例の適用対象面積を330㎡（改正前240㎡）までの部分に拡充する

b．特例の対象として選択する宅地等のすべてが特定事業用宅地等及び特定居住用宅地等である場合には、それぞれの適用対象面積まで適用可能とする。なお貸付事業用宅地等を選択する場合における適用対象面積の計算については、現行どおり、調整を行なうこととする

（4）税額控除を次のとおり拡充する。

①未成年者控除額を次ページ図のとおり引き上げる

②障害年者控除額を次ページ図のとおり引き上げる

（5）20歳以上の者が直系尊属から贈与により取得した相続時精算課税制度の対象とならない財産について、贈与税の税率を238ページのとおり引き下げる（ただし課税財産4千500万円超の部分は引き上げ）

相続税の税率の引き上げ

改正前			改正後		
課税対象額	税率	控除額	課税対象額	税率	控除額
1,000万円以下	10%	−	1,000万円以下	10%	−
3,000万円以下	15%	50万円	3,000万円以下	15%	50万円
5,000万円以下	20%	200万円	5,000万円以下	20%	200万円
1億円以下	30%	700万円	1億円以下	30%	700万円
3億円以下	40%	1,700万円	2億円以下	40%	1,700万円
3億円超	50%	4,700万円	3億円以下	45%	2,700万円
			6億円以下	50%	4,200万円
			6億円超	55%	7,200万円

未成年者控除額の拡充

改正前	改正後
20歳までの1年につき6万円	20歳までの1年につき10万円

障害者控除額の拡充

改正前	改正後
85歳までの1年につき6万円 (特別障害者は12万円)	85歳までの1年につき10万円 (特別障害者は20万円)

（6）前記（5）以外の財産にかかる贈与税の税率を238ページ下図のとおり引き上げる

（7）相続時精算課税制度の適用要件を次のとおり緩和する

a．受贈者の範囲に、20歳以上である孫（改正前推定相続人のみ）を追加する

b．贈与者の年齢要件を60歳以上（改正前65歳以上）に引き下げる

贈与税の税率の改正（相続時精算課税制度の対象とならない財産）

改正前

課税財産額	税率	控除額
200万円以下	10%	―
300万円以下	15%	10万円
400万円以下	20%	25万円
600万円以下	30%	65万円
1,000万円以下	40%	125万円
1,000万円超	50%	225万円

改正後

課税財産額	税率	控除額
200万円以下	10%	―
400万円以下	15%	10万円
600万円以下	20%	30万円
1,000万円以下	30%	90万円
1,500万円以下	40%	190万円
3,000万円以下	45%	265万円
4,500万円以下	50%	415万円
4,500万円超	55%	640万円

贈与税の税率の引き上げ（上記以外の財産）

改正前

課税財産額	税率	控除額
200万円以下	10%	―
300万円以下	15%	10万円
400万円以下	20%	25万円
600万円以下	30%	65万円
1,000万円以下	40%	125万円
1,000万円超	50%	225万円

改正後

課税財産額	税率	控除額
200万円以下	10%	―
300万円以下	15%	10万円
400万円以下	20%	25万円
600万円以下	30%	65万円
1,000万円以下	40%	125万円
1,500万円以下	45%	175万円
3,000万円以下	50%	250万円
3,000万円超	55%	400万円

須田邦裕（すだ　くにひろ）
税理士。一橋大学商学部・法学部卒業。会計事務所勤務を経て、1982年に税理士登録、開業。その後、実務のかたわら一橋大学大学院商学研究科修士課程および同博士課程に学ぶ。
現在、須田邦裕税理士事務所所長として、関与先企業の税務経営問題に取り組む一方、各種講演会や税理士養成のための税法講師などを務める。
著書に『最新 起業から1年目までの会社設立の手続きと法律・税金』『会計事務所の仕事がわかる本』『税金のしくみと仕事がわかる本』『世界一わかりやすい法人税の本（監修）』（以上、日本実業出版社）などがある。

本当《ほんとう》はもっとこわい相続税《そうぞくぜい》
「節税策《せつぜいさく》14の誤解《ごかい》」と誰《だれ》も教《おし》えてくれない税務調査《ぜいむちょうさ》の話《はなし》

2013年7月20日　初版発行
2014年3月1日　第2刷発行

著　者　須田邦裕
発行者　吉田啓二

発行所　株式会社 日本実業出版社　東京都文京区本郷3－2－12 〒113-0033
大阪市北区西天満6－8－1 〒530-0047
編集部 ☎03－3814－5651
営業部 ☎03－3814－5161　振　替　00170－1－25349
http://www.njg.co.jp/

印刷／三省堂印刷　製本／共栄社

この本の内容についてのお問合せは、書面かFAX（03－3818－2723）にてお願い致します。
落丁・乱丁本は、送料小社負担にて、お取り替え致します。

ISBN 978-4-534-05095-3　Printed in JAPAN